ソニー躍進を支えた激動の47年間
錦織圭を育てた充実のリタイア後

人の力を活かすリーダーシップ

盛田正明
Masaaki Morita
神 仁司
Hitoshi Ko

ONE PUBLISHING

プロローグ

プロローグ

２０１６年10月4日、私はまばゆいばかりのスポットライトを浴びて、東京・有明コロシアムのセンターコートに立っていました。国際テニス殿堂と国際テニス連盟(ITF International Tennis Federation)の功労賞(Golden Achievement Award、２０１７年度)を受賞し、その表彰式が開かれたのです。

この賞は、国際テニス殿堂とＩＴＦから、毎年一人だけ選ばれるもので、私は世界で19人目の栄誉。日本人では、２００５年にＩＴＦ副会長を務めた川廷榮一さん(故人)以来、二人目の受賞となりました。

ジャパンオープンテニスが開催中ということもあり、授賞式には錦織圭《にしこりけい》も急きょ駆けつけ、お祝いの言葉を贈ってくれました。

「このたびは、素敵な名誉ある賞、おめでとうございます。盛田さんには、本当に小さい頃からお世話になって、今までのサポートがなければ、もちろん今の自分はいませんでした。田舎で育った僕にとって、アメリカに行けたことは本当に大きな夢の第一歩であり、それが今まで自分を成長させた糧になって、こうやって今の自分がいる。本当にありがとうございました。これからもよろしくお願いします」

私は70歳でソニーグループの経営から退き、2000年にジュニアテニスプレーヤーを育成する『盛田正明テニス・ファンド』を立ち上げました。このファンドからは錦織圭ら有望なプレーヤーが生まれました。圭から花束をもらいお祝いの言葉を受けて、私は誇らしい気持ちになったと同時に、取り組んできたことが間違いではなく、多くの人に認められて、幸せな気持ちになりました。

私の長兄である盛田昭夫は、ソニー創業者の一人です。1946年5月に資本金19万円で創業した当時は、東京通信工業株式会社という会社名でした。

私が入社したのは創業6年目の1951年、23歳の時でした。私の社員番号は70番台で、社員数は約80人というまだまだ小さな会社でした。自分が盛田昭夫の弟だからといっても特別扱いなどはなく、当然ながら平社員からのスタートでした。

係長、課長、部長を経て、1973年6月にソニー株式会社の取締役、1976年1月に常務取締役、1979年12月に専務取締役、1982年9月に副社長になりました。

さらに、1987年にはソニー・アメリカの会長となり、その後、1992年からソニー生命の社長兼会長を務めました。1997年に会長から退き、1998年にはソニー生命名誉会長も退任し、70歳でソニーグループから完全に身を引くことになりました。

　私が引退する時に、ソニーグループは、世界で約17万人の従業員を抱えるグローバル企業へと成長を遂げていました。激しく変化に富んだ過程の中で、私は、平社員としての現場仕事から経営まで本当にさまざまな経験を積むことができ、それによって多くのノウハウを得ることができたのです。

　多くの人は、企業などで60歳や65歳の定年を迎えると、「これだけ長い間働いてきたのだから、余生は自分の好きなことを気ままにやって、人生の最後を過ごしたい」と考えるのではないでしょうか。

　あるいは、元気な間はどこかに再就職して、働ける限り働きたいと新しい仕事を求めて頑張る人もいます。リタイアするか、また会社で働くかのいずれかが、これまでの定年後の選択肢であったように思います。

　しかし、ここで立ち止まってよく考えてみますと、定年とは、もう誰にも命令されることはなく、自分のやりたいことを何でもできる、いわばすべての人にベンチャービジネスのできるチャンスが来たと捉えることも可能です。もしくは、「自らがオーナー経営者になれる機会を得られる」と、考えることもできるのではないでしょうか。

定年退職後にも、誰にでも新しく素晴らしい人生があるはずで、自分のやりたいことを実現させる創業者として、新たなスタートを切れる未来が待ち受けているはずなのです。

なぜ、私が、70歳でこのような考え方を持ち合わせるようになったのか。

それを説明するために、私が、どう生まれ育ち、ソニーではどんな経験を積み、どのような人たちとの出会いがあったのか、振り返りながらお話していきたいと思います。

国際テニス殿堂とITFの功労賞を受賞。錦織圭（右）とマイケル・チャン（左）から祝福を受けた

目次

表紙写真 馬場道浩
ブックデザイン 山之口正和＋齋藤友貴（OKIKATA）
写 真 神 仁司
盛田正明
ソニーグループ株式会社
ソニー生命保険株式会社

第1章

生い立ち

面白くなかった学校

私は、造り酒屋の4人きょうだいの末っ子、三男坊として、1927年5月29日に生まれました。

盛田家は知多半島の小鈴谷《こすがや》村（現在の愛知県常滑市）で、江戸時代から260年以上にわたり、醸造業の「盛田」を営んでいました。代々の当主は久左ヱ門《きゅうざえもん》と名乗り、盛田昭夫（1921年生まれ）が15代目に当たります。

父親の幼名は彦太郎でしたが、当主の盛田久左ヱ門と名乗ると、代だけでは分かりませんから、その下に諱《いみな》と言うか、久左ヱ門○○ともう一つ名前がつき、皆「命」という字がつくのです。私の祖父は「命昭」（めいしょう）、私の父親は「命英」（めいえい）と言いました。

母の名前は「收」（しゅう）。理由は分かりませんが、母自身は、「收子」と書いていました。

私は三男だったので諱はなく、名前である「正明」は、父親が尊敬していた学者さんが考えてくれたと聞きました。四書五経の中にある言葉から取って正明とつけてくれたそうです。

小鈴谷村の海岸に「盛田」の工場があり、酒、しょうゆ、みそを今でも作っています。

父の若い頃には、小鈴谷村に本社と工場があったのですが、父は先進的だったらしく、「もうあんな田舎にいちゃダメだ」と、工場だけを小鈴谷村に置いて、本社を名古屋市に移したのです。

そこで結婚し、われわれも生まれました。病院には行かないで、私は名古屋市白壁町の実家で、産婆さんにとりあげてもらったそうです。

私が育った白壁町はお屋敷町で、盛田家の斜め前にトヨタ自動車の豊田さんの家がありました。

夏は小鈴谷村で過ごしていました。午前中は勉強をさせられて、午後は海に行って毎日泳いでいました。家から5分歩けば海岸で、小鈴谷の風景は海岸しか覚えていないぐらいです。

私は海でしか泳いだことがなかったので、初めてプールで泳いだ時、塩水と真水で浮き方がまったく違い、沈みそうになってびっくりしたものでした。塩水だとよく浮きますから、いくらでも泳げる感じでしたし、波をかぶることも平気でした。

海岸は知多半島の伊勢側ですから、漁船が遠くに見えて、伊勢湾の向こうに沈む夕陽がよく見えました。夕方に海岸に座って夕陽を眺めるのが楽しみの一つでした。


長男の昭夫は私より6歳上で、二男の和昭は4歳上。この二人は、私とはちょっと違った育てられ方だったと思います。父親は仕事一本の人で、長男と二男は自分の後釜にしようと思っていたようで、小学校か中学校の時から、時々会社へ連れて行って、会議で横に座らせて、何となくマネジメントはこういうものだということを覚えさせていました。

私は三男ですから、もうどうでもいいと思われていたのか、いっぺんも父に会社に呼んでもらった覚えがありません。父に遊んでもらった覚えもないのです。私は、母だけの手で育てられたようなものですから、父親というのは仕事ばっかりしているものなのだと思っていました。

幸いかどうかは分かりませんが、三男坊で本当に放っておかれて育ったので、子ども時代の私は、ものすごく引っ込み思案で人見知り。目立つことがとても嫌いでした。

二人の兄と姉の菊子（3歳上）は、愛知県第一師範学校の付属小学校に行きました。皆割とできる子が行っているような学校です。私もそこの試験を受けたら、筆記はパスしたものの、最後のくじ引きで落ちてしまいました。それで、うちのすぐ近くの公立の小学校へ行ったのです。

私の実家は大きな家で、お手伝いさんがいまして、家にいると天下を取ったみたいにやりたい放題でした。でも、小学校へ行くと子どもは民主主義なので、面白くありません。学校は家から歩いて100メートルぐらいの所にあったので、面白くないと、すぐに私は家に帰って来てしまうのです。私が1年生の時そういうことがたびたびあって、母親には苦労をかけました。

勉強は好きではなかったですね。私はどちらかというと、外で一人で遊んでいるほうが好きで、太陽に当たるのが大好きでした。

その後、愛知県立第一中学校に入学しました。あの頃の中学校ではスパルタ教育が普通でした。

中学校では必ず何かの部に入らなければならず、私は小学生の時にソフトボールをやっていたので、最初に野球部を見に行きました。しかし、野球の硬球を見たら、あんなのが頭に当たったらアウトだ、こりゃダメだと思いました。いろいろ見た中では、バレーボール部が一番大人しい感じでした。うまくやらないとボーンと殴られた時代でしたから、「殴られるにしても、ここだったらたぶんダメージも一番少ないだろう」と思ったわけです。で、結局のところは、私は何発殴られたかわかりません。まぁ、そういう時代でした。

バレーボールは、自分で言うのも何ですが、割と上手にできて、フォワードセンター（セッター）をやりました。セッターはトスを上げる役で、両脇のスパイクを打つ選手よりちょっと背が低い。結構全国でも強かったです。あの頃は9人制でした。私は9人制のほうが絶対いいと思います。ポジションが決まっているから、前衛は背の高い人、中衛はジャンプ力のある人、後衛は小さくてコマネズミのように走ってボールを捕る人、いろいろな背の高さの子どもが楽しむことができました。今は、リベロがいますが、リベロ以外は背が高くないとなかなか優位にプレーできないです。

長男の昭夫、二男の和昭、姉の菊子、そして私の4人のきょうだいの中で、和昭と菊子が、運動神経が良かったですね。私は、運動神経が悪いほうではなかったですが、すごく優れているというわけではありませんでした。

死ぬなら空で……

私が4歳の時に、満州事変（1931・昭和6年）が始まりました。それが拡大して日中戦争（1937・昭和12～1945・同20年）になって、中国全土を巻き込む戦争になりました。中学に入って1年か2年の時に太平洋戦争（1941・昭和16～1945・同20年）があったので、もう本当に戦争の中で育ったみたいなものです。

隣のおじさんが戦地へ行ったとか、向こうの横丁のおじさんが負傷して帰って来たとか、新聞を見たって何を見たって、毎日戦争の記事ばかり。戦争の良し悪しなんていう議論をしている時代ではなかったです。もういかに負けないか、いかに勝つか、それしかみんな考えていませんでした。

それまでの戦争では、強い軍艦を持っていたほうが強かったので、日本はこっそり戦艦大和と戦艦武蔵というすごいものを作ったわけです。しかし、私の子どもの頃から戦争のやり方が変わってきて、飛行機の時代になりました。

もともと私は空へのあこがれが強く、「これからは飛行機の時代だ」と思ったので、「飛行機の設計技師になって、世界一強い飛行機を作る」というのが、子どもの頃の夢になりました。そして、自分もパイロットになって、自分の作った飛行機のテストパイロットになって飛ばす夢を描いていました。

しかし、戦争がひどくなって、もうそれどころではなくなってしまいました。東京まで空襲に遭うような時代になっていたのです。

小さい頃からずっと戦争で、周りの人がどこで戦死したとか、そういう話ばかりだったので、「もう俺の一生は戦争だ」と思っていたのです。戦争で死ぬのだったら、自分の一番好きなことで死にたい。鉄砲をかついで山を歩いて死ぬなんて嫌だ。船で死ぬのも嫌だ。私は飛行機で死にたい……。「死ぬなら空で」という私の言葉に、母は強く反対しました。

母親というのは、すごいものだと思ったことがあります。私は兵隊へ行くと言った時に反対されたのですが、その理由が、「死ぬから」というのではないのです。あの頃、出来のいい学生は、江田島（広島県）の海軍兵学校に行っていました。「おまえ、江田島の海軍兵学校に行くならいいけどね。ただの航空隊に行ったって、大学生にはなれないよ」と言ったのです。「大学へ行くなんてことを考える時代じゃないでしょ。もう勝つか負けるかの時代だから行く」と私が言ったら、母から「それじゃあ仕方がない、行ってこい」と言われました。

16歳の時に、海軍の甲種飛行予科練習生になり、神風特別攻撃隊の訓練を行いました。まだ、練習中だったから、通称「赤とんぼ」という飛行機で飛んでいました。赤とんぼは、山吹色の複葉の練習機で二人乗り。後部座席の教官から、木の棒で叩かれることもありました。

練習機というものは、割と安定するように作ってあります。初等練習機は、飛行機が怖くて操縦桿から手を離すと適正なポジションに戻るようになっているのです。しかし、あまりに安定し過ぎるから、初等練習機を使うのはやめようとなり、不安定なほうの中間練習機で練習することになったのです。

戦闘機が安定していたら、怖いことはできません。不安定だからできるのです。翼の揚力があり過ぎるとコントロール性は高くなく

飛行予科練習生となり戦闘機のパイロットを目指した

なり、宙返りとか、極めて小さく旋回することなどが難しくなります。小さく旋回できれば、敵機の後ろへ回れます。ですから、ある程度不安定に作ってあるわけです。不安定と言うと、言葉が適切ではないかもしれませんが、安定し過ぎだと操縦がうまくできないのです。テニスのラケットとかゴルフのクラブとか、スイートスポットが小さい道具のほうが、意識的にボールをコントロールしやすいのと似ているかもしれません。

私は、青い空の中を飛行機が飛んでいるのを見て子どもの頃にパイロットになりたいと思っていましたので、空を飛んでいて怖いと思ったことはありませんでした。ずっと楽しかったです。

飛行機の訓練をしたのは、九州の富高（宮崎県）という所でした。それから岩国（山口県）へ行って、霞ケ浦（茨城県）に行きました。そして、郡山（福島県）航空隊にいる時に、18歳で終戦を迎えました。終戦があと半年遅かったら、果たしてどうなっていたことか……。

2番目の兄の和昭は、大学の途中の学徒動員で海軍のパイロットになって爆撃機に乗っていましたが、まだ出撃はしていなくて、訓練中に戦争が終わりました。

一番上の昭夫は、海軍の技術将校でした。

盛田家は、3人とも海軍に行って、二人はパイロットでしたから、父も母も、下の二人のことはもうあきらめていたと思います。でも、3人とも生きて帰って来ちゃった。本当に奇跡のようなものでした。親は喜びましたけど、世間には正直なところ申し訳ない気持ちがありましたね。

終戦時の天皇陛下の玉音放送は、上等なラジオでなかったので内容がよく聞き取れず、「一体これは何だ⁉」という感じでしたが、「どうも負けちゃったらしいぞ」ということが分かりました。

終戦を迎えて、悔しい思いとホッとした思い、両方でした。今まで何とかして日本は勝たなきゃならないという思いでしたけれども、日本がどんどん追い詰められていたというのは分かっていたので、いよいよ本土決戦だと。本土決戦になったら、練習機であろうが何だろうが、突っ込まないといけないと思っていました。だから、戦争が終わったことはもちろん、日本が国として残ったということにホッとしたのです。

郡山に2週間ぐらい留まって、それから家族が疎開していた小鈴谷村に帰りました。私が一番早く帰り、その次に和昭が戻り、昭夫が最後に帰って来ました。名古屋は空襲がありましたが、「盛田」の本社は名古屋のど真ん中にあるのに、そこだけ奇跡的に焼け残っていました。100メートル先にあった私が卒業した白壁小学校は焼失しました。

ただ、アメリカがこれからどうするのかというのは、まったく分かりませんでした。私が戻る時には、もう進駐軍が東京に入って来ていました。

「パイロットだったことが分かったら、何をされるかわからんぞ」といううわさがあったものですから、私はパイロットに関するものをすべて捨ててきました。そのため、盛田の家には何も残っていません。

ただ、私は、戦争があってパイロットの訓練をしたため、体とメンタルが鍛えられたのは間違いないです。成長期に、当時貴重だった白米飯やごちそうをたらふく食べることができて、体は丈夫になりました。もちろん日々の訓練は猛烈にきつく、何発ぶん殴られたか分かりません。

若い時に体の基礎がしっかりできたので、幸いなことに私は長生きをさせてもらっています。現在の平和な時代からすると想像が及ばないような世界で、今の若い人に話をしても、その感覚は分からないかもしれないですね。

東京工業大学からつながる運命の糸

終戦になって帰って来たら、母がいろいろ世話をしてくれて、私は大学へ行きました。あんな戦争の中でも、「子どもが万一帰って来たら大学へ行かせたい」と考えているのですから、母親の考えることは、本当に違うなと思ってびっくりしたものでした。

私は、どう考えても文系ではありませんでした。記憶力には自信がないほうでしたから。本当です。

振り返ると、中学の時の歴史、地理、国語の先生が良くなかった。例えば、何かの年号で1212年が正解として、13年と書いただけで一発(殴られる)でしたから。

私はずっと、「こんなものは、必要な時に必要な本を見りゃいいじゃないか」と思っていました。今なら、スマートフォンですぐ答えが出てきます。暗記物に関しては、何の本を見れば答えが分かる、ということだけを知っていればいいと思って、記憶する気はまったくなくなりました。

一方、数学や理科は、本を見ただけではできないし、やはり頭で考えていかなければならないので、これは面白いと思いました。

東京工業大学に入れたのは、母が私のことを心配していたからです。昭夫は、名古屋の八高という第八高等学校に行っていました。その時の物理の先生が、東京工業大学の専門部の物理の先生をやっていらっしゃることを、どこからか母が突きとめたのです。それで、私を東京へ連れて行き、服部学順《がくじゅん》先生の所に勉強へ行けと言って、下宿させました。服部先生の所で勉強しているうちに、東京工業大学の専門部の編入試験があるから受けろと言われて、それで受けて入りました。そして、専門部を卒業した後、大学試験を受けて、東京工業大学に入りました。

やはり母が、戦後のゴタゴタの中でちゃんと進学先を探してきて、何とかして大学を出させようと思って、ツテを探してきてくれて、そのおかげで私は入学できたのです。母親の執念ですね。頭が上がりません。

あの頃は、まだ旧制大学で、3年目は卒論でした。卒論の時には、どこかの研究室につかなければならないのですが、その時に、昭夫が、「星野愷《やすし》先生が非常に面白い」と言うものだから、星野先生の研究室に入れてもらいました。先生は、磁気素材の研究をやっておられました。

実は、星野先生が私の運命に大きく関わることになるある人と、非常に親しくしていたのです。

その人こそ、井深大《いぶかまさる》さんでした。井深さんが、ちょうど磁気を使うテープレコーダーの研究をされていた頃でした。

第2章

井深大さん

東京通信工業に入社して、仙台へ

井深さんと最初に会ったのは、私が東京工業大学へ通っている時でした。品川の荏原町駅のそばにあった義理の兄が持っていた家を借りて、昭夫と一緒に住んでいました。

昭夫たちは会社がまだ小さかったせいなのかは知りませんでしたが、よくこの家で会議をしていました。私が1階で勉強をしていて、会議は2階で行われていました。その時のメンバーに、井深さんが必ず入っていたのです。井深さんは私より19歳年上で、「おい、勉強しているか」というのが、いつもの第一声でした。

あの頃は、ご飯をみんな自分で炊いて食べていました。パン屋がちゃんとしたパンを作ってくれなかったから、パンを自分の家で焼きました。四角い箱の両脇に鉄板を入れて、ドロドロのパンの素を入れるとグチュグチュいって、フワーッとパンが焼けるのです。そのパン焼き器に、私が横に〝スピードベイカー〟と書きました。あっという間に焼けるからです。当時流行りの車で、スチュードベーカー(Studebaker=アメリカの車両メーカー、1852~1967年)いう車がありました。私は、それをもじったわけですが、井深さんが来て、「おまえ、なかなかいいことを考えるな」って褒めてもらいました。井深さんに初めて褒めてもらった思い出です。当時の東京通信工業（現在のソニー）では、電気ざぶとんも作っていた時代でした。

長兄の昭夫と井深さんたちは、前身の東京通信研究所を経て1946年5月に東京通信工業を設立。井深さんによる設立趣意書には、次のように記されていました。

「真に人格的に結合し、堅き協同精神をもって、思う存分、技術・能力を発揮できるような状態に置くことができたら、たとえその人員はわずかで、その施設は乏しくとも、その運営はいかに楽しきものであり、その成果はいかに大であるか」

私が東京通信工業に入社したのは1951年4月のことでした。

技術者として入社した私が一番お世話になったのは、井深さんです。井深さんは、昭夫たちとソニーを創業した、後世に残る起業家です。設立趣意書には、「他社の追随を絶対許さざる境地に独自なる製品化を行う」と記し、他人のやらないことをやることをスローガンにしていました。そして、日本初のテープレコーダー（1950年）、日本初のトランジスタラジオ（1955年）などを開発しました。1992年11月には、一企業の経営者として文化勲章を受章されました。

井深さんの発想は本当に面白いものでした。「専門家に意見を求めると、古いことや古い経験に基づいてしゃべるので、クリエイティブなことはなかなか出てこない」と井深さんは言うのです。ですから、分かりきっていることをどうやったらいいか、というのは専門家に聞き、新しい発想をしようと思う時には、「専門家でないほうがむしろ面白い発想する」というのが井深さんの考えでした。

入社して最初、私は研究生という形で東北大学の科学計測研究所へ行きました。当時はまだ70~80人規模の会社で一人でも働き手が欲しい時に、よく一人で行ってこいと言ってくれたものだと思います。

行かせてくれたのは、会社に二つの考えがあったからです。一つ目は、ちょうどテープレコーダーの開発をやっていたが、材料のことを井深さんがあまり知らないから、「おまえが勉強してこい」と。もう一つは、「おまえはすぐに役に立ちそうではないから勉強してこい」と。それで私は、東北大学がある仙台で暮らすことになりました。

3年間の研究生活が終わった後、井深さんの指示で、1954年に宮城県多賀城町(現在の多賀城市)に、ソニー初の地方製造工場となる仙台工場を作りました。東北大学の岡村俊彦教授のもとでフェライトの研究を手伝っていた高崎晃昇さんに工場長として来てもらいました。高崎さんから学ぶことも多かったです。仙台工場では、テープレコーダー用のフェライトを生産しました。さらに、数年後に放送用のテープの工場も作りました。現在は、ソニー仙台テクノロジーセンターとなって、ブルーレイディスクなどのメディアを製造しています。

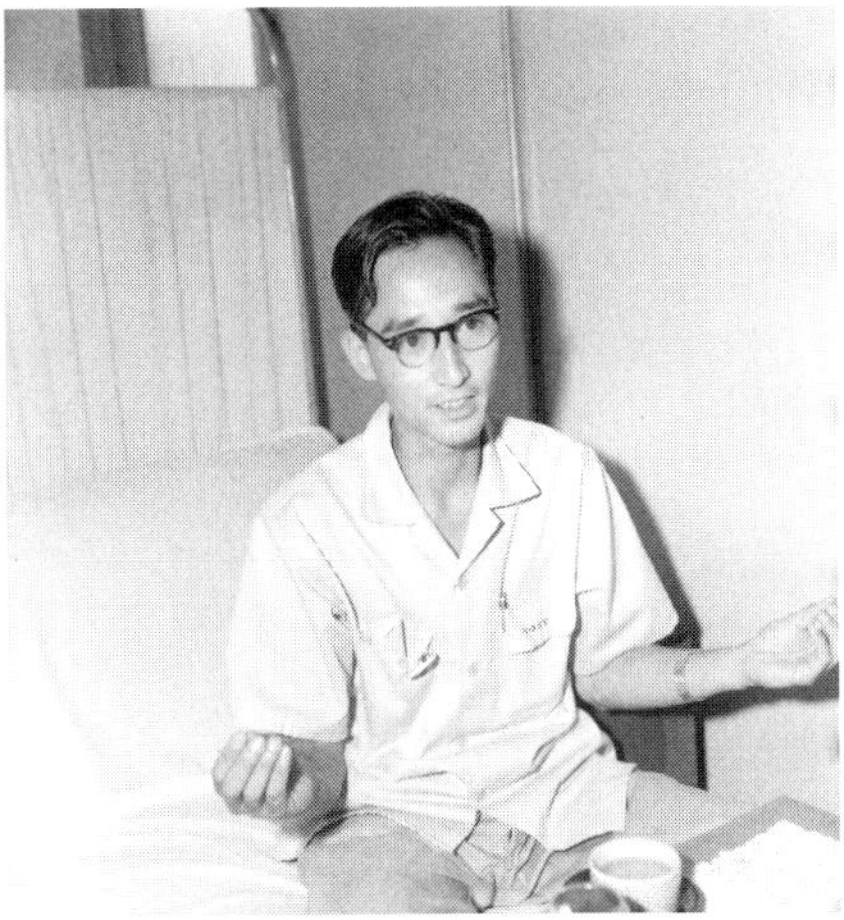

東北大での３年間の研究生活が終わり、仙台工場に勤務（32 歳）

あの頃、会社で技術職のトップは井深さんでした。井深さんは、しょっちゅう仙台に来てくれました。仙台の工場といっても小さな掘っ立て小屋のようなものでしたし、最初は社員食堂もありませんでした。まかないのおばさんが来てくれて、毎日20数人のお昼ご飯を作ってくれていました。

そんな中で井深さんと一緒にご飯を食べながら、ディスカッションもしました。会議では辛辣なことは言いますけど、相手が部長だから話を聞くとか、そういうことはまったくない人で、新入社員が言うことでも一生懸命聞いて、「あ、それいいから、それにしよう」って言ったりしていました。井深さんはゴルフ好きでしたが、あまりうまくなりませんでした。初心者の話でも何でも聞いてしまうので、ゴルフの上達には結びつかなかったのです。

井深さんは厳しいことも言いますが、本当に怒鳴られたとか怒られたということは少なかったです。

ある時、井深さんから調べ物を頼まれて、私が4日くらいかけて報告しに行ったら、井深さんは何かの週刊誌を読んでいて、もうおまえに聞くことはないよと態度で示すのです。それをこっちは知らずにベラベラしゃべっていたら、制止されました。「今頃持ってきて」と怒鳴る人ではなかったです。

とにかく、非常に考えがユニークで、そういう意味では、本当に尊敬するに値する人でした。会社創立時の井深さんの設立趣意書には、「真面目なる技術者の技能を、最高度に発揮せしむべき自由闊達にして愉快なる理想工場の建設」とあります。私も微力ながら、仙台で理想工場になるよう努めていました。この工場作りは、私の得意の一つになり、後にアメリカへ行く時に大いに活かされることになるのです。

ソニーは大きくなるためにコンシューマーをやる

電電公社（日本電信電話公社、1952〜1985年、公共企業体、現在のNTT）に、1本の線で500〜600通話を流せるコアを作って売った時の出来事は、私にとって忘れられないものになりました。

当時は1本の電話線に何本の電話を通せるかというのが、非常に大事な課題でした。その頃は金属のリングにコイルを巻いてフィルターにして、いろいろな周波数を流して16通話ぐらいしか流せませんでした。一方、ヨーロッパでは、500〜600通話流せるものができていました。リングの代わりにフェライトというコアを使うことで非常に高いフィルター能力が実現できたわけです。

ちょうど私は、1本の線で500〜600通話流せることを研究していたので、電電公社に頼まれて、2〜3週間でそのコアを作って、電電公社に納めました。電電公社の歴史にはその話はどこにも書いてありませんが、日本で16〜17通話から500〜600通話になったことに、私は相当貢献したわけです。

その頃の電電公社といったら、すごく大きなカスタマーでしたから、もし、そのコアを入れられれば、日本中の電話が変わります。それで、「これはものすごい商売になりますよ」と、私が井深さんに意気揚々と報告し、よくやったと言われるかと期待していたら、思いもよらず全否定でした。

「おまえ、電電公社には、ファミリー会社があって、その会社からしか買わないいんだ。うちなんか、いくらやったって、買ってくれない」

私は若気の至りで、「そんなことはありません。うちだけでできたんですから」と反論しました。

なぜ、ソニーが、コンシューマー（消費者向け）プロダクトをやったのか——。

70～80人ぐらいの会社であった東京通信工業が、いっぱい良いものを作ったところで、電電公社やお役所関係の所は簡単には買ってくれない。コンシューマー向けにいいものを出せば、どんなに小っちゃな会社であっても買ってくれる。

「だから、俺はコンシューマーをやるんだ」と井深さんは、私に言いました。

「おまえは、こんないいものを作ったと言っているけど、おまえはビジネスを知らないんだ。おまえがやったことは、他の大手の電電ファミリーができるようになって、そこから買われていく。おまえはその道をつけただけだ」

結局、東京通信工業はおこぼれを少しもらいはしましたが、その後の展開は、本当に井深さんの言うとおりでした。きっと井深さんも以前にどこかで同じような経験をされたのだと思います。

やがてソニーは、放送用のＶＴＲをやり始めましたけど、それは会社が相当大きくなってからの話。ＢｔｏＢの商売は、よほど会社と会社の強い関係がない限り買ってくれないと言う時代でした。ですから、「うちは大きくなるためにコンシューマーをやるんだ」というのが、井深さんの信念でした。ソニーの原点の一つとも言えます。

井深さんは、とにかく新しいものを作ろうというのがモットーでしたが、すべてまったく新しいものを開発したかというとそうではなくて、だいたいは元がどこかにあるものだったのです。

例えば、トランジスタラジオ。今につながるトランジスタは、アメリカのベル研究所の発明です（１９４７年）。１９５２年に、井深さんは、アメリカを視察した時に、トランジスタの存在を知りました。

井深さんは音楽が好きで、もっと小さいラジオができたら便利だと思っていました。しかし、あの頃のラジオは真空管を使っていて消費電力が大きく、小さくするには限界がありました。どうやったら小さいラジオができるかと考えた時に、増幅機能

1962年の箱根での合宿の一コマ。前列左から二人目が井深さん、右から二人目が昭夫、後列一番右が筆者

があるトランジスタが発明されたと聞いて、じゃあ、あれを使おうと閃いたのでしょうね。そして、トランジスタラジオをやろうと。

1953年に、ベル研究所のトランジスタ製造特許を持っているウエスタン・エレクトリック社と契約。特許料を払って、トランジスタ製造をスタートさせたのでした。

1954年に、ウエスタン・エレクトリック社のトランジスタ工場を見学している時に、井深さんがトランジスタでラジオを作る話をしたら、一笑に付されたと言います。「このままだとトランジスタの性能が悪いから、補聴器ぐらいには使えるかもしれないが、ラジオなんかには使えませんよ」と兄の昭夫もそう言われたそうです。

それでも、井深さんは、「俺がラジオ用のトランジスタを作る」と言って、ラジオに使える高周波トランジスタの開発をしました。

ソニーを支えたトリニトロンと光学デバイス（ＣＣＤ）

ソニーの代名詞とも言えるトリニトロンのカラーテレビですが、カラーテレビそのものはすでに世界中にあって、ソニーはカラーテレビのメーカーとしては最後発でした。

井深さんは、「今のカラーテレビじゃ、人は喜んでいない。これよりもっときれいな画の出るすごいのを考えよう」と言って、独自で研究を始めました。しかし、いくら開発費をつぎ込んでもできなかったのです。あの頃はあまり会社が大きくなく、もうあと1年でできなかったら会社の資金が底をつくというほど、湯水のごとく開発費を使いました。

どうしてもうまくいかないから、クロマトロンというアメリカの技術の特許を買ってきて、まずこれでやろうと言って、それで１０００台ぐらいテレビを作って売りました。

ただ、このテレビはソニーの人間が設置するとちゃんと映るのですが、それを少しでも動かすと、色がずれてしまう欠点がありました。テレビの電子ビームが、地磁気の影響を受けてずれてしまうのです。お客様がテレビを動かしたら画がボヨボヨになってしまう。これではダメだと全部回収したのです。これは、ソニーの失敗の物語の一つです。

もうこれ以上失敗が続いたら会社がおかしくなってしまうのではないかと思うぐらいでしたが、井深さんが、「何としてでもやるぞ」と言って、トリニトロンの開発に成功しました。ちなみに、トリニトロンというのは、キリスト教のトリニティー(神、子、聖霊の三位一体)と、エレクトロンの合成語です。

ソニーのトリニトロンは、テレビのブラウン管でアパチャーグリル方式に分類されるものです。シャドーマスク方式に比べ、コントラストや画質面でアドバンテージがありました。また、トリニトロン方式のブラウン管は、表示の歪みが少なく、コンピュータ用のディスプレイとしても最適でした。

あの頃のソニーがすごかったのは、周りがこれはやめたほうがいい、こんなにお金を使ってもできないのにとみんな思っていても、やはりトップが、「これは絶対やるんだ」と言ったらやるということです。

井深さんには、今よりはるかにいいものができるはずだという自信があったのでしょうね。それに目標を探すのが非常にうまい。

井深さんの直感で動く姿勢とか、新しいものに常に目を向けている姿勢が、私にとっては、もう面白くてしょうがなかったです。金がなくなるぐらい苦労しても、できればすごいですから。そのすごさを体験してきました。

井深さんだけではなく、もう一人すごい人がいました。私の義理の兄の岩間和夫さん（姉の菊子の夫）で、昭夫の次に社長（第4代ソニー社長）をやった人です。

実は、岩間さんが、最初に井深さんから言われて、アメリカにトランジスタの勉強をしに行った人なのです。ですから、岩間さんがずっと半導体部門のトップでした。

岩間さんが社長時代に、半導体を使った光学デバイス（ＣＣＤ）が出てきました。岩間さんは、「将来これがすごいものになる」と考えました。その頃は、１００個作って、３個か４個しか製品にできないシロモノでした。できた製品でも、ボヤボヤの画しか映らない。みんな、「こんなものはモノにならないよ」と言っていた時に、岩間さんが、「これは絶対、将来大きなビジネスになるから、やれ」と社長として言うものだから、みんな苦労して開発したのです。それが、今のソニーの一番の商品です。

ソニーのイメージセンサーは、世界の半分シェアを持っています。皆さんがよく使っているスマートフォンは、どこのメーカーであっても半分はカメラにソニーのデバイスが入っています。

また、テニスの試合で使われているホークアイ（ボールがラインを割ったかどうかなどの判定の補助に使われている）は、ソニーの画像処理技術を使ったものです。ＦＩＦＡワールドカップ・カタール大会（２０２２年開催）のいわゆる〝三笘の１ミリ〟と言われる判定も、ソニーの技術を使っています。スポーツの世界でも、ソニーのデバイスと画像処理技術はなくてはならないものになっています。

本当に、あの時光学デバイスをやめていたら、今のソニーは大変なことになっていたかもしれません。会社のトップが、「これだ」と言って頑張り抜く、そのすごさを私は間近で見てきました。井深さんにしろ、岩間さんにしろ、それが本当にソニーを支えました。ソニーのトップには、そういう人が必要なのです。

井深さんの判断を、非常識への挑戦とか、無謀への挑戦だというように話されることがあるみたいなのですが、本人は無謀だとは思っていないのです。もちろん、経営者として当然、心配はしていました。その上で、やはりやろうと決断できる力がすごいのです。

ソニーは技術だけだと言いますが、技術だけだったら成功はしていません。アイデアがあっても、その裏で、お金の問題、ブランドの問題、それにどれぐらい努力したか。下でちゃんと支えているものがなかったら世の中で成功しません。私は、そういう勉強もソニーでしました。

井深さんからの特命だった技術企画部長

1972年、4年いた厚木工場から本社に戻った時に、井深さんから直々に「技術企画部長をやれ」と言われました。ソニーが大きくなって、技術者同士のコミュニケーションがうまくいかなくなったので、もっとうまくいくようにしろと。最初、「何人ですか?」と聞くと、「一人」と言われました。

「部屋はどこですか?」と私。

「自分で探せ。部下はおまえが集めろ」と井深さん。

今で言うと、結構無茶ぶり的な感じでしたが、私は面白そうだから、「やります」と即答しました。

最初、総務部へ行って部屋探しから始めて、庶務を一人つけてもらいました。あの頃、社内募集があって、社内誌で募集をかけたら、何人か応募してきました。ふたを開けると各部からやっかい者というか、変わり者が集まってきました。組織の中で自分勝手なことをやるから出て行け、みたいな感じでしたが、発想はすごく面白い人が多かったです。

その頃、日本全国でいろいろな所に工場ができていて、お互い何をやっているか分からないから、1年に1回技術者が集まることをやろうとしました。ただ集まってもしょうがないので、自分がやっている仕事を見せ合う場を作ろうとして、『技術交換会』というのを始めました。本当は、私は『技術者交換会』にしたかったのです。自分がやっていることを見せ合って、お互いを見て、同じようなことをやっているのが結構いますから。そうするとコミュニケートできるようなります。この会の名前は今風に変わりましたが、1970年代から今も続いていますから、役に立っているのでしょう。

技術企画部の部屋は、それぞれの机を内側に向けて四角く囲んでレイアウトし、みんな向き合って座ったままディスカッションできました。その真ん中に応接セットを配置し、社内からいろんな人を呼んで、真ん中の椅子に座ってもらって話をしてもらいました。

井深さんから言われても、よしやってやろう、楽しんでやってやろうとなったのは、やはり私がそういうことを好きだったからだと思います。組織に言われたとおりにきっちりやるだけではダメ。人によっては、ある程度命令されて動いたほうが楽なのでしょうが、良い悪いだけの問題ではなくて、私は自分で考えて、自分で何かをやって、失敗したら自分の責任というほうがいいと思います。

技術企画部部長として、個性的なメンバーに囲まれて、面白かったです。部下として扱いにくいとか、あまりそういう苦労はなかったです。当時の技術企画部のメンバーとは、今でも1年に1回集まります。

いい人材というのは、部署によって異なります。例えば製造ラインでは、言われたことをきちんとできないと、ラインが止まってしまってとんでもないことになります。技術職では、自分の発想を伸ばしてやるのが一番いいです。給料をもらうのも大事ですが、そこにいることで、自分の能力がどんどん伸びていくから会社は面白いのです。言われたことだけをやっていたら伸びません。だから、失敗はしてもいい、それでどんどん伸びていけばいいと示せば、みんな一生懸命やってくれます。「ああしろ」、「こうしろ」と言わないほうがいいです。自分が持っている発想力を伸ばしやすくさせて、成長する機会を与えてあげるのです。

井深さんは最も優れたエンジニア指導者

私が見て思うに、井深さんは、エンジニアにどれぐらいの能力があるかをちゃんと見極めて、ある程度自由に思いきりやらせたり、やれる範囲でおまえはこうやれと指示したりと、人によって合わせることができた人でした。一人ひとりの能力をどうやって伸ばしていくかということを、一番考えてくれたのではないかと思います。さらに、それぞれの社員に厳しい目標を与え、その実行に当たっては、「自分で考え、自分で調べ、自分でやってみろ」というのが、井深流の基本的方針だったのです。

また、教わるだけでなく、井深さんと対等に何度もディスカッションすることによって、その中から自分のやるべきことを自分で発見していく。決して命令や教えられたといった方法ではなかったと私は認識しています。

世の中では、井深さんを極めて優れた経営者とか、あるいは革新的な経営者としてたたえられることが多いですが、私は、井深さんほど技術者の指導者として優れた人はいないのではないかと思っています。

ソニーが小さい会社だった頃、井深さんは、毎日のように一人ひとりの技術者のデスクまでやって来て話をして、それぞれに目標を与えてくれたものでした。

それが実に巧妙で、1を聞けば10が分かるような優れた技術者には、「こんなものが作りたいね」としか言わない。あまりクリエイティブではない技術者には、10のうち8くらいを井深さんが言って、残りの2は技術者自身が頑張れる余地を残してくれる。

技術者それぞれのレベルに応じた目標を与えてくれるので、皆自分なりに努力をすることができるのです。そして、プロジェクトが成功を収めた時は、自分なりに開発に参加でき、成功を収めた喜びを感じることができる。その喜びがさらに次へのチャレンジや探求心につながる——。

こうして井深さんの下で働いた技術者は、どんどん触発されて優れた能力を持つようになり、成長していったと私は見ています。

ただ単に教えるというのは簡単だし、問題を素早く解決することはできます。また、指導者のレベルまでには容易に到達できます。しかし、それ以上には行かないのです。

当時のソニーは、多少時間がかかっても、自分が苦労し考え、まずやってみることによって、技術者の持つそれぞれの特長を最大限に伸ばすことができました。それが、育成であり、最良だと考えていたのです。

結果として、誰もやったことのないチャレンジにつながり、そして、成功に至る一番早い方法だったのかもしれません。

井深さんは、技術者一人ひとりの能力を熟知し、一人ひとりの成果を本当に喜んでくれました。

ソニーの技術者は、給料が上がることよりも、自分の能力が上がり、自分の仕事が成功して認められることに、より大きな喜びを感じます。私もそうでした。

だから井深さんの下で働いた技術者は、皆ことごとく一緒に働けたことに誇りを感じました。そして、誰もが井深さんに感謝しました。

ただ、今みたいに、政府が、働く時間を決めたりする時代では、同じことはできません。

人間ですから、誰しも調子がいい時、悪い時があります。悪い時に会社にいても何にもできません。そういう時は、家にいて休んだほうがいいです。その代わり、調子が良かったら、今みたいに残業時間がどうこうなんて言わないで、やれるだけやればいいんです。そのほうが人間的な働き方だと思います。何時にスイッチを入れて何時に切る、という今の働き方は機械と一緒です。

幻に終わったイランでのプロジェクト

井深さんとのエピソードで忘れられないものがあります。イランのオーディオ機器の視聴覚教育システムを作るというプロジェクトでのことです。私が企画推進の責任者になり、イランにたびたび行っていた時期がありました。

その時のイランは、パーレビ国王の時代（1941～1979年在位）で、社会が西洋化していました。お酒は飲めるし、女性はおしゃれをして、先進国のようでした。パーレビ国王の妹である、アシュラフ・パーレビ王女が教育担当でしたが、何かの会議で井深さんに会って、イランの教育を改革したいという話をしたそうです。井深さんが、「うちのオーディオビジュアルを使って、職業訓練の改革をしましょう」と言ったら、「ぜひ」となりました。

あの頃はパーレビ国王が一言言えば、それが国の決定になります。国王にプレゼンテーションする場を作ってもらい、大学の図書館を借りて、オーディオビジュアル機器を見てもらうことになりました。

ただ困ったのは、暗殺対策なのでしょうか、国王の来る日が分からないのです。ホテルで電話が来るのをひたすら待っていました。そうすると井深さんが麻雀をやろうと言うのです。私は麻雀があまり好きではないですが、3人しかいない時にはどうしても一人入らないといけなかったのです。ちなみに、私は、囲碁、将棋、麻雀、トランプなどの室内ゲームは全部ダメで、せいぜいできるのは卓球ぐらいです。

そうしているうちに、明日来るから準備しろと、24時間前に連絡がありました。プレゼン会場をチェックする兵隊が来て、全部テーブルを逆さまにして、誰か隠れていないか確認していきました。テーブルの下が見えなきゃダメだと。それで、機械を設定し直しました。

当日は、パーレビ国王が、自分でヘリコプターを操縦して来ました。そこで一計を案じて、国王が入ってくるところをビデオで撮って、プレゼンの一番最後にそれを見せました。国王は、「さっきの私じゃないか！」とびっくり。効果てき面で、国王の「やれ！」というツルの一声で、無事採択されました。

当時、われわれは国賓のように迎えられ、空港に降りると、滑走路に車が待っていました。

テヘランから1000キロメートルぐらい離れたマシャドという所に、職業訓練センターを作り始めました。センターができるまでに先生を教育しなければならず、先生候補をイランから厚木工場に呼んで、オーディオビジュアルのトレーニングをしました。

しかし……。それが完成する前に、イラン革命（1978年1月～1979年2月）が起こりました。私は現地にいませんでしたが、ソニーの社員が2～3人残っていて、命からがら逃げて帰って来ました。それで、そのプロジェクトはダメになってしまいました。

面白い時代でしたけど、その時は必死でした。

おまけの話があります。イランから日本へ帰国する私たちのために、お別れパーティーを開催してくれたことがあったのです。井深さんはお酒を飲まないし、形式じみたことが嫌いで、「早く帰りたい」と言い出しました。主催者に申し訳ないので、荷造りをするためと理由を作って、ホテルへ帰りました。そして、部屋に戻った途端、井深さんが、「麻雀をやろう」と言い出しました。ところが、麻雀をやっている最中に、おみやげを渡し忘れたと言って、イラン側の使いの人がホテルに入ってきて、大慌てで麻雀牌を片づけたのでした。

ベータマックス対ＶＨＳの敗戦から得た教訓

実は、私は１９６７年頃、家庭用ビデオテープレコーダー『ベータマックス』の開発・マーケティングの指揮を執る責任者でした。ですから、私は（ビデオ規格・ベータマックス対ＶＨＳ争いの）〝戦犯〟と言っていいです。

あの頃、ビデオは、世の中で放送用のものしかありませんでしたが、家庭用のビデオを作ろうと井深さんが発想して、試行錯誤の末、最初にできたのが、『Ｕ－マチック』という結構大きなものでした。井深さんが、「ポケットに入るサイズにしろ」と言って、さらに小っちゃいものを作ろうとして、１９７３年に木原信敏さん（当時主任研究員）が、ベータマックスのサイズを考えました。

その当時、ビクターさんもビデオをやっていましたが、それがＶＨＳビデオテープでした。松下電器さんも開発中で、ベータマックスとＶＨＳのどちらにしようかという状況でした。

たった一つ、ソニーの考え方がこれまでとちょっと違っていたことがありました。われわれはいつもグローバルにと考えていましたが、ベータマックスを商品にしようと思った時に、やはり日本で最初に商品にしないとダメだろうと考えたのです。日本ほどテレビをよく見ていた国民はいませんでしたから。

国民的テレビ番組のNHKの大河ドラマとか朝ドラは、みんなが見ていました。しかし、その時間に自分に何か用があって見られないことがあります。だから、昭夫は、テレビには〝タイムシフト〟が大事だと考えたのです。テレビ局が、この時間がいいと思って放送しているけれども、あれはテレビ局が一方的に、ここがいいと思って考えた時間なので、それを自分の都合のいい時間にシフトしてテレビを見る。あらゆるテレビにビデオをつけて、自分の見られないものは録画して、自分の都合のいい時間に見る。〝タイムシフト〟をして、初めてテレビが完成するのだというのが、昭夫の、そして、ソニーのコンセプトでした。

大河ドラマは45分の番組でした。1時間以上の番組はあまりありませんでした。それで、ソニーは1時間録画できれば十分だという考えでスタートしました。

ビクターさんは、たぶんアメリカといろいろ話したのだろうと思います。アメリカ人はテレビをタイムシフトして見ようという人などほとんどいないので、ソフトウェアとして見るのがいいのではないかと言われたようです。映画を考えると、2時間必要になる。だから、カセットは大きいけれど、2時間にした。そこがベータマックスとＶＨＳの最初に違ったところなのです。

画質のクオリティは、ソニーのほうがはるかに良かったのですが、いざやるとなったら、向こうは2時間、ソニーは1時間、それが勝敗の分かれ目で、残念ながら、世界ではソフトウェアを見る人のほうが多かったというわけです。

ただ、テレビを録画して自分の都合がいい時に見るというコンセプトは、世の中に植え付けられました。それは、昭夫の〝タイムシフト〟というコンセプトが元と言えます。とはいえ、悔しかったですね。最後の瞬間は、松下さんがどっちに転ぶか、それで決まったみたいです。

私は、松下幸之助さんに会って、愛知県の幸田町にあるソニーの工場にも案内したことがあるのです。幸之助さんには、個人的に3回ぐらいお会いしました。ライバルであっても、その頃の各社の社長とも交流がありました。松下さんだけでなく、シャープさん、三洋電機さんとも大阪へ行くと一緒に食事をしたりしました。

結局、世の中にベータマックスを受け入れてもらえなかったことについて、私だけでなく、みんなが感じたことがありました。

ソニーはどっちかと言うと、クオリティでは絶対負けないという思いを持っていましたが、その時のお客様はソフトウェアが大事なのだと考えていました。クオリティがちょっと低くても、ソフトでちゃんと満足できたほうがいいのだと。

われわれは、エンジニアとして、クオリティばかりこだわっていましたが、お客様の側から見たら、そこが一番ではないかもしれない。やはりお客様が何を欲しいのかということをきちんと考える必要があり、商品がいいだけではものは売れないということは、ものすごい教訓になりました。

ただ一つ付け加えさせていただくと、業務用放送機器ではソニーは断トツシェアトップで、ニュース、ドキュメンタリー、ドラマなどの撮影にソニーの機器が使用されています。ソニーの製品がなければ、テレビ放送は成立しないと言っても過言ではないほどで、クオリティにこだわったソニーのコンセプトは決して間違いではありませんでした。映像のプロフェッショナルの世界では、ソニーの優位性が保たれており、ソニーが貫いたポリシーとこだわったクオリティを評価して価値を認めてくれる方々が今でも多くいます。これは私にとってとても誇らしいことです。

失敗するのは当たり前

振り返ると、基本的にソニーは、何にも教えてくれませんでした。でも、私にはそれが良かったのです。

井深さんにしろ、昭夫にしろ、誰からも教えてもらったことなどなかったです。要するに、自分で考えろという主義です。

聞きに行っても、こうやってみたらどうか、というサジェスチョンをくれるぐらいで、ああやれ、こうやれと言われた試しはないです。私にとっては、楽しいというか、そのほうが嬉しかったのです。自分の自由になりますから。やっては失敗、やっては失敗……。誰もやったことのないことを、失敗せずにやれと言われたって、やれるはずがない。

井深さんたちも初めてやることだから、失敗するのは当たり前だと思っていました。失敗したということは、こうやったらダメだというノウハウが、一つプラスになるのです。

井深さんが一番怒ったのは、社員が「考えています」と言った時です。「おまえ、考えているのはその位置に止まっているのと同じだよ」。要するに、「とにかく何かやれ」、「行動に移せ」ということです。

目標に出合って、「近づこう」ということしか考えていませんから、失敗にめげているどころではないのです。「こうやってダメだったら、ああやってみるか」ということしか考えていないのです。たいていそのうちにだんだん手詰まりになってきます。そうなったらみんな誰かの所に行って、ああだこうだやる。最初の頃のソニーは、だいたいそんな感じで課題を解決していました。

実は、私はソニーで教育訓練を一度も受けたことがないのです。研修というのは、もっと後のほうにできたもので、私が研修を受けたのは、コンピュータができた時です。伊豆にＩＢＭの研修所があって、コンピュータのトレーニングをやらされたぐらいです。

とにかく、何でも自分で考えて自分でやって、すごく自由度があったから、面白かったです。

私は、井深さんから直接いろいろな指導を受けることができました。井深さんと一緒に働いていく中で、井深さんの考え方が、自然と私の基本的な考え方になっていきました。井深流ソニースピリットが、盛田正明の礎となったのです。

私だけではなく、私の兄の昭夫、後の経営トップになった岩間和夫さん、大賀典雄さんも皆同じ思想でした。

今、もし私が、井深さんにこの指導方法のことを改めて聞いたら、きっと、「そんな、いちいち、みんなに教えている暇なんかないよ。みんな立派な脳を持っているんだから、自分で考えてもらうしかないんだよ」と笑いながら言うでしょう。井深さんはそんな人でした。

常に新しいことにチャレンジしていたわれわれは、失敗するのは当たり前、七転び八起きの毎日で、一歩一歩前進していきました。これほどやりがいのあることはなく、苦しいながらもあの時代は本当に楽しかったです。

第3章

ソニー・アメリカ

ＳＯＮＹが目指すのは、世界のマーケット

　1950年代では、企業の社名は堅いものが多く、例えば、松下さんは松下電器産業、東芝さんは東京芝浦電気、みんな漢字で、それが立派な会社だと思われていました。

　ソニーも東京通信工業株式会社という立派な名前でしたが、われわれは、東京通信工業を、東通工《とうつうこう》と略して呼んでいました。昭夫は、「それじゃあ海外では通じない」ということで、世界中で通じる名前をいろいろ考えることになりました。

　当時、日本では、「sonny boy」という、かわいい坊やを意味する言葉が流行っていました。それと、ラテン語の音を意味する「sonus」という言葉との組み合わせによる造語で、『ＳＯＮＹ』ソニーとなりました。「損」を連想させる「Sonny」（ソンニー）は避けました。

　今は何ともないですけど、あの頃は、化粧品以外そんな語感の名前はなかったので、みんな「えぇっ!?」という感じでした。世の中の人たちも同じだったと思います。ただ、語呂は良かったです。やはり海外に行くには必要な名前だと思いました。

『ＳＯＮＹ』に決めた理由の一つとして、世界で3文字の会社がいっぱいあったことがあります。ＡＢＣ、ＣＢＳ、ＮＢＣ、ＩＢＭ、みんな3文字なんです。ソニーはユニークにしたいと考え、4文字にしようということになりました。加えて、世界の全部の国で、「ソニー」と発音してくれないといけない。国によっては、変な発音になる可能性がありますから。調べていくと、『ＳＯＮＹ』ならどこでも「ソニー」と読んでもらえることが分かりました。あの頃、まだあまり大きな会社ではありませんでしたが、世界中で商標登録をしました。

松下さんが、『National』ブランドで海外へ進出した時、すでにいろんな国で同じブランド名があって、海外用に『Panasonic』を作ったのですが、われわれは、その話を知っていたので、結構お金がかかったと思いますけど、100カ国以上で商標登録をしました。だから世界で通じるようになったと思います。

あの頃、ちょっとこれはいい名前だと思うと、みんなまねをして名前をつけました。日本でも、ソニーがちょっと良くなったら、飛行機に『ＳＯＮＹ』と書いたおもちゃが出たりしました。

これらの動きに関しては、昭夫が、先見の明というか、大事なところにはちゃんと投資をしてやるということに関して非常にうまかったです。

そして、1958年に、社名が東京通信工業株式会社からソニー株式会社に変更されました。ちなみに、テープレコーダーの開発をやっていた時、『SONI‐TAPE』（ソニ・テープ）と書いたものがありました。『SONI』もソニーの登録商標です。

ソニーが海外市場を開拓する必要性は、いつも考えられていました。

あの頃、海外で日本製と言えば、例えば、ナイアガラの滝のおみやげ店におもちゃが置いてあって、それを見ると「メイドインジャパン」と書いてありました。残念ですけど、メイドインジャパンと言うのはあまり良いもののイメージではありませんでした。少し前の中国製品がそうでしたね。メイドインジャパンは、世界中どこに行っても、おもちゃの安物というイメージがありました。その時に昭夫は、「やはり胸を張って売れるものを世界に作りたい」と感じたといいます。

当然のことですが、そのためには、よその会社がやらないことをやろうという井深さんのポリシーも必要でした。

日米半導体戦争の真っただ中、アメリカへ

私がアメリカに初上陸したのは、20代の頃でした。ありがたいことにアメリカを見て勉強して来いと言ってもらえたのです。サンフランシスコから南を回ってニューヨークに行きました。

当時の飛行機は、サンフランシスコまでノンストップで行けず、日本とハワイの間にあるウェーク島に着陸して、アメリカ軍の基地がある場所で燃料補給をしました。それからハワイに行って、サンフランシスコに着きます。

当時のアメリカには、日本になかった高速道路があって、ものすごい数の自動車が走っていました。これは戦争で日本がアメリカに負けるはずだというのが第一印象でしたね。

レッドウッドシティ（カリフォルニア州中部の都市）に、アムペックス（AMPEX、アメリカのエレクトロニクス企業）という会社があって、そこを訪問した時のことです。タクシーは高くて乗れませんから、バスに乗ろうとしてチケットを買おうとしました。でも、「レッドウッドシティ」と私が何回言っても通じないのです。書いたらようやく分かってくれました。私は、Redwood CityのRの発音が全然できていなかったということなんです。英語は、RとLの発音が全然違うと初めて知った、忘れられない出来事になりました。

ソニーにとってアメリカは非常に大きな市場と考えて、ソニー・アメリカ（ソニー・コーポレーション・オブ・アメリカ＝以下ソニー・アメリカ）は、昭夫が渡米して1960年にソニーのアメリカ本社として設立。当初は販売会社としてスタートしました。その後、日米貿易摩擦の影響を受けて、アメリカ現地での生産を始めるようになっていきます。

1980年代、日本経済は好調でした。円安で輸出企業にとって有利に働きました。その中でも半導体産業は、1988年に日本のシェアが約50パーセントに達していました。日本は、随時読み出し／書き込みができるDRAMという半導体メモリで技術的に優位に立っていました。半導体は〝半・導体〟であり、絶縁体と導体の中間、電気を通したり、通さなかったりする機能を持つものです。

ところが好事魔多しで、こうした日本の躍進に対してアメリカでは日本脅威論も噴出して、日米貿易摩擦が起こり、1980年代から1990年代にかけて日米半導体戦争が繰り広げられました。

アメリカからしてみたら、自分の〝オハコ〟を取られた感じで、半導体インダストリーにとって、ものすごいショックだったのでしょう。そうすると、アメリカのロナルド・レーガン大統領が仕掛け人となって、1986年に不平等といわれた日米半導体協定（第1次1986〜1991年、第2次1991〜1996年）が締結されました。1996年に協定が終了した時には、バブル崩壊と円高も相まって、日本企業は弱体化していくのです。

日米半導体戦争が繰り広げられていた1987年に、私は、ソニー・アメリカへ行くことを志願しました。ソニー・アメリカは、ソニーのうちの3分の1くらいのマーケットを占めるぐらい大きかったです。3分の1がアメリカ、3分の1がヨーロッパ、日本を含めた他の地域が3分の1という割合でした。

私が赴任した頃、アメリカにはサンディエゴなどに工場があったのですが、あくまで販売が主体で、社内には〝販売が上で製造は下〟という妙な意識が根付いていました。

私は製造をやってきたので、プロダクションから利益を生むのが製造会社の役目で、販売会社の言うとおりに製造をやっていても儲かるはずがないと考えていました。

ソニー・アメリカの損益を見ると、決して良くなかったのです。ソニーグループの

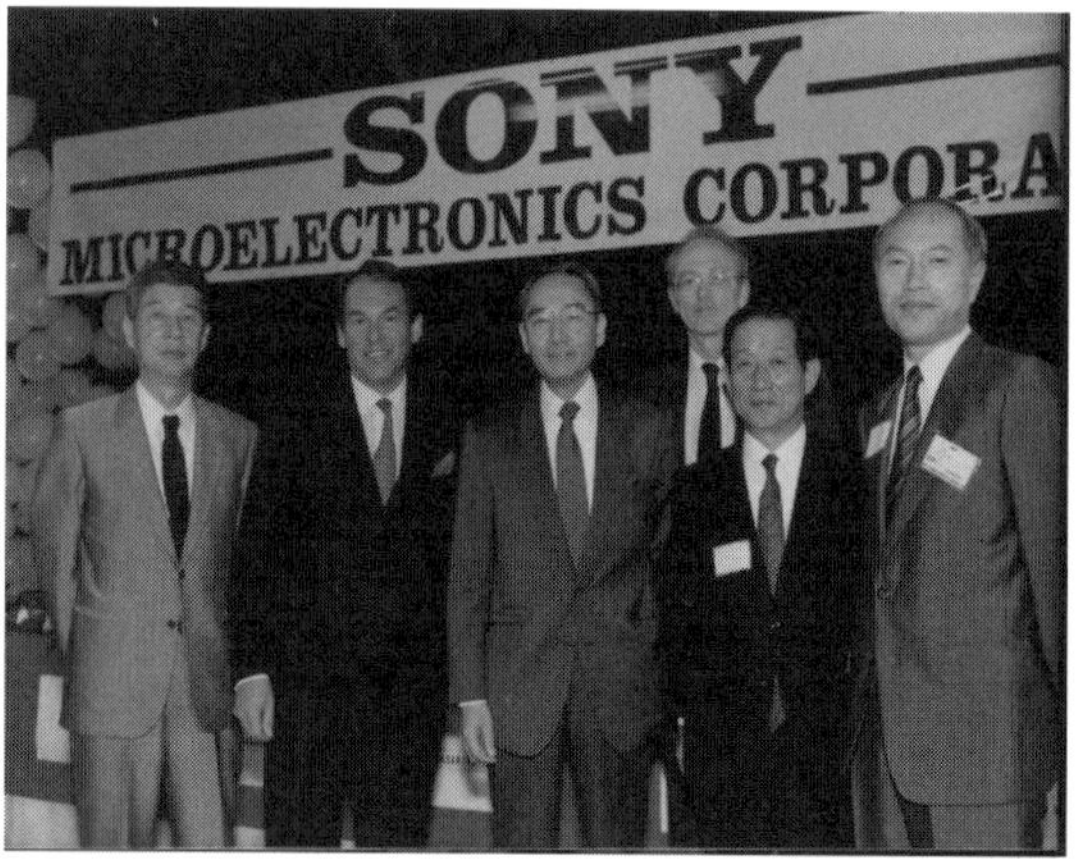

1990年4月にソニー・アメリカの会長として出席したテキサス州の工場のオープニングセレモニー

大きな割合を占めるソニー・アメリカを何とか良くするには、私は製造で利益が上がる会社に変えなければ、一つの会社としてはやっていけないと思いました。だからこそ、私は60歳になっていましたが、やらせてほしいと言ったのです。

アメリカへ行ってみて、まず直面したのが英語の問題です。英語にはずいぶん苦労しました。専属の通訳はおらず、私の秘書はアメリカ人でしたので、オフィスに行ったら、ずっと英語をしゃべらないといけません。下手な英語でも、とにかくしゃべらないと暮らしていけませんから。

ただ、私はチェアマン（会長）ですから、私の英語を聞かなかったら、みんな仕事ができないので、下手な英語でもみんな一生懸命聞いてくれたのは助かりました。

ソニー・アメリカの会長ということで、方々でスピーチをする機会がありました。私にスピーチを教えるアメリカ人スタッフがいましたが、この人は役に立たないと思いました。アメリカ人のように演壇を離れて、歩きながらスピーチしなさいと。これがみんなを引き寄せるコツだと教えるわけです。英語が流暢ならまだしも、私は下手なので、壇を離れてしまうと、ちゃんとスピーチできなくなるのです。

私の英語が下手だということは、聞く人はみんな分かっている。それなら、下手なりにちゃんと原稿を見ながら堂々と話そうと、私は決心しました。

私のスピーチを理解してくれたかどうかは分かりませんが、社員をはじめ皆さん、本当に一生懸命聞いてくれました。毎日英語を使っていると、それなりにできるようになるものです。ただ、今は単語とか相当忘れました。時々海外へ行っても、耳が慣れるまで結構時間がかかります。

アメリカ人は人が良いですから、実際に会って、日本人だからというのはまったくありませんでした。国と国はけんかしていても、人と人では、誰とでも話をする国民性ですよ。日本のパーティーで、知らない人に話しかけると怪訝な顔をされますが、アメリカのパーティーでは、知らない人に話しかけるのは当たり前のことなのです。

一人でポツンと立っていても、5分も一人にしてくれなくて、すぐ話しかけてくれます。そういう誰とでも仲良くするという感じにはびっくりしましたね。

それにアメリカ人は非常に率直で、慣れるとやりやすかったです。

例えば、日本人特有の建前と本音。アメリカ人にはまったくそういう考えはないですから。「これはいい、これはダメだ」と言うと、「あぁ、分かった」となります。裏返しの答えを求めたりするようなことはありません。

あと、指示の出し方も違いました。誰かに「これをやれ」と言う時、日本ですと、「俺（上司）が責任を持ってやるから、思い切ってやれ」となり、部下は喜びます。一方アメリカでは、絶対にそれは通じない。「私に指示をするのだったら、私が責任を持ちます」となります。それで、結果が良かったら、その代わり給料を上げてください。ダメだったら、クビを切られてもしょうがないとなります。そういう社会のやり方なのです。

私としては日本式も良いですが、アメリカのやり方も悪くなかったですし、非常に楽しかったです。やりがいもありました。

製品計画は、東京本社の製造部がやってくれます。ソニー・アメリカは、その中から売れそうなものをチョイスして売るわけです。さらにソニーには、半導体主体で攻めるというよりも、アメリカになかった商品を売っていくという考えがありました。

また、ソニー・アメリカで、私は、組織を販売と生産に分けて、安藤国威《くにたけ》さんに生産部門のトップをやってもらいました。

私は、日本で工場を作ることを得意としていましたから、その手腕をアメリカでも発揮して、製造をいかに効率よくして、そこから利益を出させるか。それから販売をいかに効率よくやるかに注力しました。ラジオ、テープレコーダー、メインはトリニトロンのカラーテレビ。それからＶＴＲも扱いました。そして、各工場の従業員にやる気を出してもらえるよう何度も現地に足を運びました。

１９８０年代の後半から90年代の前半は、ソニーというより、日本は一番の上り調子の時期で、マンハッタンの有名なビルを日本企業が買ったりしていました。

ソニーは、１９８８年にＣＢＳレコードを買収したり（現在のソニー・ミュージックエンタテインメント）、１９８９年にハリウッドの映画会社コロンビア・ピクチャーズエンタテインメント・インク（現在のソニー・ピクチャーズ エンタテインメント）を買収したりと、大型の投資を続けていました。

どうして日本はこんなに伸びているのかということを、アメリカ人からよく聞かれました。また、スピーチをしてくれと頼まれてよく話したことがありました。

私の答えは極めて簡単で、「アメリカ人よりうんと働いた」と。私も本当に働きまくりましたから。

終戦後しばらくは、残業時間は何時間という規制や強制的に休暇を取らなければいけないことなどありませんでしたし、それこそみんな死ぬ気で働いたものです。私がアメリカへ行ったのは、日本が豊かになって、みんなだんだん働かなくなってきた頃です。アメリカの若い人たちのほうが、よほどよく働いていました。「あなたたち、このまま頑張ったら必ず良くなるよ」と話をしたものでした。

要するに、日本人が優れているわけでもなく、よく働いたから調子が良かったというわけです。人間っていうのは、あなたが1でこっちが10、なんてことはありえない。だいたい10と10ぐらいで、あとは働く時間の差で勝負がつくみたいなものです。「だから、日本が伸びているのは決して不思議なことでもないし、珍しいことでもないよ」と、アメリカ人に説明しました。

ソニーが成功したアメリカでのイメージ戦略

当時、日本から海外へ進出していた多くは、商社でした。日本でものを作って、海外へ送って、現地で売っていたのです。

ソニーでは、アメリカの会社はアメリカ人を中心に作らないといけない、ということを徹底していました。ソニー・アメリカを立ち上げた昭夫は、アメリカで売るものは現地で作ってアメリカ製だと言わないと、アメリカ人に受け入れてもらえないと思ったんでしょう。私も同じ意見でした。ソニーの商品は、日本からの輸入品ではないとアメリカ人に思ってもらうことは大事だと感じていました。

昭夫の戦略がうまくいって、アメリカ人たちは、ソニーを日本の会社だとは思っていなくて、自分たちアメリカの会社というようなイメージを持っていました。

それに、ソニー・アメリカの従業員は、約7割がアメリカ人でした。普通、日本の商社をはじめ日本企業のアメリカ支社だと7割が日本人という形でしたが、私がソニー・アメリカの会長として行った時は、秘書を含めて周りがみんなアメリカ人でした。

さらに、昭夫は、アメリカ政府ともうまくやらないと、仕事がうまく行かないと考えました。ある非常に優れた日系2世の方を通じて、ワシントンのいろんな人を紹介してもらったそうです。昭夫はワシントンへ飛んで、アメリカの政府高官と話して親しくなり、ソニーは日本の企業っぽくないというイメージが相当あったことも手伝って、うまく事を進められたようです。アメリカ政府は、ソニー・アメリカとその商品に、非常に好意的でした。この地ならしができたことは、ソニーがアメリカで成功したあまり知られていない要因の一つだと思います。

当時のアメリカでは、ソニーのブランドが非常に強かったです。われわれは、自分が若い頃のメイドインジャパンの良くないイメージをひっくり返すことができたわけですが、ソニーは日本の企業ではないと思っている人もいました。

困ったことには、サンディエゴ工場で作ったものより、日本製がいいとアメリカで言われる現象も起こりました。要するに、同じものでも日本の工場で日本人が作った製品のほうが、クオリティが高いと。アメリカに来て作ってくれるのはありがたいが、本当に良い商品ができるのか？　と疑問視する人もいました。私は、「そうじゃないです。しっかり品質検査をしますし、製品が悪かったら落としますから」と言いました。アメリカ人もちゃんとやれば、よく働いてくれますし、いいものを作ってくれました。

ビジネスジェットでアメリカ中を飛び回る

ニュージャージーに、ソニー・アメリカの製造のヘッドクオーター（本社）がありました。また、マンハッタンには、レコード会社や映画会社をソニーが買収して作った新しい会社のオフィスがありました。

私はあまりマンハッタンには行くことはなく、アメリカ中を飛び回っていました。プライベートジェットを5機保有していました。贅沢だと思われるかもしれませんが、アメリカでは仕事の効率を考えたらプライベートジェットの選択肢はベストと言えると思います。

フロリダのフォートローダーデールという所にソニーの工場があったのですが、いつも日帰りしました。朝早起きして、ファルコンジェット（ビジネスジェット機）に乗って2時間半でフロリダまで行けます。現地に10時ぐらいに入って1日仕事をして、みんなと晩ご飯を食べて、フロリダを21時ぐらいに出ると、24時には家に帰れます。

一番小さいファルコンワンハンドレッドは4人乗りで、私がよく使っていました。ダッソーミラージュというフランスの戦闘機がありますが、そのダッソーとパンナムとのジョイントベンチャーで作った会社のジェット機がファルコンでした。

ニュージャージーにテターボロという民間機用の飛行場があって、そこからアメリカ中へ毎週のように飛んでいました。アメリカではそれが当たり前で、プライベートジェットの離着陸やメンテナンスをする飛行場が決まっていました。

ビジネスジェットだと、アメリカ大陸を無着陸で横断できず、途中の小さい都市に降りて燃料を給油しました。普通なかなか行く機会がない所に降りて、1～2時間過ごすのです。ある時、飛行場でかわいいお嬢さんがワインを持って来たので、飲ませてもらえるのかなと思ったら、そのワインはパイロットに渡していました。パイロットがどこの飛行場に寄るのか決めていたので、自分の所の飛行場に降りて燃料を補給してほしいという狙いがあったのです。

太平洋戦争の時に特攻隊の飛行訓練をしていた私が、ビジネスジェットでアメリカ中を飛び回るなんて、若い時は想像すらできないことでした。戦時中の私なら自分で操縦して、アメリカを爆撃したかったと考えたかもしれません。実際はけた外れに日本よりアメリカにパワーがあったし、やはり大和魂だけで勝てないのは明白な事実でした。

ソニー時代の私は、ビジネスでアメリカに勝ったと思って、溜飲を下げたという感じもあったかもしれません。空を飛ぶのが好きな私ですが、なぜだかビジネスジェットからは外の景色をあまり見ませんでした。

アメリカでは社会貢献活動も大切

私は幸いなことに、働き過ぎで体調不調になったり倒れたりはしませんでした。アメリカでの生活を結構楽しんでいて、テニスもやりました。

実は、私がテニスと出合ったのは、仙台にいた26、27歳の時でした。東北大学の科学計測研究所の前にテニスコートがあって、見よう見まねでやり始めたのがきっかけでした。

私は妻とニュージャージーに住んでいました。静かでいい所でした。ニュージャージーにはたくさん日本人が住んでいましたので、スーパーマーケットに行けば、お米をはじめ、みそやしょうゆも売っていて、日本食には困りませんでした。

アメリカではパーティーが結構多く、夫婦でよく行きました。夫婦というのが非常に大事で、そうでないと対等に付き合ってくれません。あまり好きではなかったですが、一つの義務だと思いましたし、勉強にもなりました。

今では日本でも当たり前かもしれませんが、アメリカ社会では、企業のトップというのは、会社の仕事をするだけではダメで、何らかの社会貢献活動をしていないと一人前に扱ってもらえません。チャリティやボランティアを、土曜や日曜にみんなやっています。だから私も、コーネル大学のリージョンコミュニティのメンバーになったり、リンカーンセンターのニューヨークシティオペラのボード（委員）をやったりしました。

コンダクターに徹することが自分の役目

ソニー・アメリカ時代の経験を踏まえて、私が思ういい人材ですが、部門によって違います。セールスをする人、事務をする人、製造をする人、それによってみんなタイプが違います。

ソニー・アメリカで主に製造を見ていた私も、だんだんとセールスをするようになったのですが、セールスの人とは、たとえ日本人同士であってもメンタリティの違いを感じました。私は技術者なので、セールスの日本人よりもアメリカ人の技術者と話したほうが話が通じると感じていました。言葉が違うだけで、やはり技術者は、世界中どこに行っても技術者のメンタリティを持っています。セールスはどこに行っても、セールスのメンタリティを持っています。

一番尊敬されるのは、クリエイティブな人です。何か同じことするにしても、「ハッ」と思うようなことを言う人は、どこの国の人であろうと、「オッ」と思われます。

自分がどういう技術者か自己分析すると、私はものすごく不器用です。むしろアイデアや人の面白がるようなことを考えることが得意です。人がびっくりするようなものを作るという才能はまったくないと思っています。

そういうわけで、時々自分は技術者なのかなと考えることがあります。技術者ではなく、むしろ、マネジメントのほうが興味ありますから。

実は、これには一大転機がありました。

1954年からソニーの仙台工場にいた時には、私は材料を扱って磁気テープを作ったり、いろんな部品を作ったり、そういうことを勉強してきました。本当に一番かどうかは分かりませんが、「この分野では自分が一番だ」と考えていました。また、そういう自負と自信を持って、一生懸命みんなを指導していました。

1968年に突然、井深さんから厚木の半導体工場へ行けと言われて、その工場の副長、ナンバー3として赴任することになりました。

仙台での材料とは違い、私は半導体をまったく勉強していませんでしたから、何とか熟知しようと努力しました。しかし、みんな優秀な半導体技術者ばかり。しかも、ソニーの基幹部門で、トランジスタを全部作った人たちなので、どう考えても私は勝てないのです。自分は工場のナンバー3の立場なのに、どの技術者とディスカッションしても、「勝てない」と思ってものすごいショックを感じました。だから、指導なんかできっこない。

仙台では、何を聞かれても答えられて、「俺が技術部門を引っ張っているんだ」という自負でやっていました。しかし、厚木では、「本当にどうしたらいいのか？」と深刻に悩んだのです。「こうやったほうがいい」とアドバイスしたいが言えない。「俺は何で上の立場にいるんだ、俺は何をしたらいいんだ」と悩みました。厚木工場に行った時ですから、私が40歳手前くらいの時だったと思います。

ある日、私は、日比谷公会堂で開催されたNHK交響楽団の定期演奏会を見に行きました。それを聞いている間に、「あぁ、そうだ」と思ったのです。コンダクター（指揮者）は、楽器が多少はできるかもしれないが、バイオリンを弾かせたって、ピアノを弾かせたって、演奏者のほうがコンダクターよりうまい。しかし、コンダクターがいることによって、よりいい音が出る——。

だから、一つ一つの技術は、他の技術者に負けたっていい、「俺は、コンダクターになればいいんだ」とその時ハッと思ったのです。あの苦境を脱するには、これしかないという感じでした。

一人ひとりとディスカッションをしながら、勝ち負けではなくて、みんなの技術を使えばいい、それをうまく総合していいものにしていく。それが自分の役目であり、誰にも負けないようにしようと決心したのです。

こうして自分の方向が決まったのは、私の会社生活での一大転機となりました。それ以来、どこへ行ってもそれほど悩まずに仕事ができました。

ソニー・アメリカへ行った時には、自分にセールスの経験がなくても、みんなの総合力を集めてやることが、自分の使命だと感じることができていました。「セールスをさせられたって、何をさせられたって、コンダクターに徹していけば良いのだ。みんなの力を集めていい方向に持っていけば良いのだ」と思うようになりました。

テレビとビデオの責任者を任されましたが、これもまた、「テレビ屋さん」、「ビデオ屋さん」は専門家ばかりですから、「材料屋」の私が技術的に何か言えるはずがない。しかし、彼らとディスカッションをして勝つのが自分の役目じゃない。それは、それぞれのトップがいるからその人に任せて、私は方向を決めていくのが自分の役目だと割り切れました。

コンダクターとして、人の力をいかにうまく引き出すか。それには一人ひとりをよく知らないといけません。現場に行って自分の目で見て、現場の力を知ることが大切です。現場を牛耳るのではなく、自分は後ろ盾になって、どうしたら彼らの力を出せるか、あるいは伸ばせるか、そして自分の思う方向に行けるのかということを認識するのがトップの役目です。それが私の考え方です。私にはそれしかできませんから。やってくれるのは現場ですので、現場と対立することはありえないと思うのです。利害の対立をする理由はないのではないでしょうか。みんな同じ方向を向いているのですから。

自分の思うようにするために命令ばかりする人がいますが、そういうトップの方々は、仕事ができ過ぎる人だと思います。私からすれば、命令して引っ張っていける人はえらいと正直思います。

私は自分の力がないと思っていますので、現場の力を活かすことしか私の役目はありません。命令するような力はないのです。もちろん方向だけは私が指示しないといけませんが、あとは現場の力をいかに活かせるかです。

今後ソニーに求められる人材とは

1980年代に、日本の電機メーカーが非常に元気な時代がありました。しかし、私はこの時すでに、日本人の働く量が減って、元気がなくなるかもしれないという危機感を覚えたものでした。特に、韓国がすごい勢いで働き始めました。ですから、やがてあちらのほうがいいものを作ってくるだろうと思っていました。やはりと言うところです。働く時間です。単純に。

例えば、ロボットにしても、どんどん発達します。働かなくても、コンピュータの自動化プログラムやロボットのスイッチを押しておけば24時間動いていますから、われわれの時代の感覚であった働く時間が多ければいい、と言うことでは勝負がつかなくなってきました。だから、これから勝つには何で勝ったらいいか、何で勝負が決まるか、ということを探すのが一番大事なところです。

昔、アナログからデジタルへだんだん移行していくという時代の流れがありましたが、私には、正直に言うと分からなかったです。デジタルの時代が、どういう時代になるのかということがきちんと推定できなかったのです。今のこんな時代は想像以上にすごいですし、変化が想像以上に早い。

ソニーでは、新技術の創造こそが有効なイニシアチブを握ることができると考えられていました。ただ、これはいつもできるという保証はありませんし、そう簡単な話ではありません。

時代の流れが早く、これから先の未来で、ソニーがさらに良くなっていくには、どうしたらいいか。それが分かったら会長になりたいですよ。ソニーだけじゃなくて、世の中がどう変わるか。エレクトロニクス自体が一体どういうふうに変わっていくのか。

今、3Dプリンターというのがありますけれど、あれは、ものすごい革命かもしれないですね。ものが電波で運べるのですから。無線でデータだけを送ったら、別の場所で同じものができる。あの3Dプリンターの思想は、今までものを運ばなきゃならなかったのが、お互いに材料さえ整えれば、運ばなくて済みますから、大変化が起こるかもしれません。物流の考えがまったく変わるでしょう。

いずれにせよ、ソニーがどこへ行くかっていうのは、私からお話しするのは難しいです。

やはり私はエンジニアですから、理屈で考えるほうで、左脳的な考えの人間です。

イマジネーションでやるというのはあまり得意ではありません。

井深さんは、これからの時代に新しいことを発想でき、人柄もちゃんとしていて、人間の幸福を考えられる右脳人間だったかもしれません。

そういうタイプが、これからのソニーに求められる人材なのではないでしょうか。

新しいことをしていれば、時間が長く感じる

私はアメリカに1987年から5年間いたのですが、ソニー・アメリカの実績を10倍ぐらいにしました。

帰国することになって振り返ってみると、ハッとまた気がついたことがありました。みんな年を取ると、1年が短くなると言います。ところが、日本に帰った時、振り返ると、5年どころか10年以上長くアメリカにいたような気がしたのです。

それはなぜだろうと思った時に、分かったことがあります。

人間だんだん年を取ると1年が短く感じるようになるっていうのは、子どもの時は何をやっても新しいが、成長するとだんだん同じことの繰り返しになって、あまり印象に残らなくなるからでしょう。朝起きて同じ時間にご飯を食べて、同じように会社

へ行って同じように仕事をやって、また帰って来てテレビを見て寝る。これでは、何も印象に残らない。1日が短く感じるのはこういう生活です。

アメリカにいた時には、家でパーティーをやらないといけないし、休みはどこかに行ってボランティアをやる。もちろん英語でやらないといけない。もう全部新しいことでしたから、ちょうど子どもが新しい世界に入ったのと同じ感じでした。だから、振り返ると、「俺の60歳からの5年間は5年じゃない」と思ったのです。

1年が短いとか長いとかいうのは年齢のせいではないと。どれだけ新しいことをやっているか、同じことしかやらないか、その差なのだということをものすごく感じました。

第4章

ソニー生命

ソニースピリットを持って、ソニー生命へ

ソニースピリットの中で一番大事にしていることは、やはり井深さんから、「人がやらないことをやれ」と言われたことで、いつも私の頭の中にあります。私のスピリットの根幹です。それは、さまざまな場面で活かされ、ソニーグループでの私の最後の職場でも非常に重要なものになりました。

ソニーの本社では、65歳で本当は役員は定年なのです。私は、このままアメリカに残りたいなと思っていたところ、昭夫から電話がかかってきて、「もう一つ新しいことをやってほしい。ソニー生命保険の会長をやらないか」と言ってきました。

生命保険を何も知らないけど、「これもまた新しいチャレンジ。面白い小さい会社だからやりましょう」と、1992年に日本へ帰って来ました。

井深さんの所へ行って、

「今度、生命保険をやります」と報告すると、

「生命保険は入っているのか」

「入っていません」と私が答えたら、井深さんに大笑いされました。

まず、ソニーから畑違いであるソニー生命が誕生したのは、どういう発想からなのか、お話しましょう。

昭夫が1950年代の後半の頃、出張先のシカゴを歩いていた時、「あの大きなビルは何だ？」と聞いたら、「プルデンシャルのビルだ」と言われました。その時、昭夫は、「金融関係をやると、あんなに儲かるのか」と思ったようです。

その頃、本当に昭夫は資金繰りに困っていて、何とかしてソニーを良くしようとしていました。

ソニー成功の秘密ですが、みんな技術と言います。しかし、あの頃、技術で一生懸命やった会社はいっぱいあったのですけど、だいたいダメになりました。それは資金が続かないからなのです。最初に成功しても、企業として基盤ができるようになるまでお金が続かない。

ソニーが良かったのは、井深さんが一生懸命新しいことを考える一方で、昭夫が資金繰りを本当に一生懸命考えて、どんな時代でも金詰まりにならないようにしてきたからです。それがソニーの成長の大きな理由の一つです。

とにかく昭夫はいつもお金のことを考えていたので、プルデンシャルのビルを見て、「ソニーも将来大きくなった時に、金融機関を一つ持っていれば、お金の面でもサポートできるだろう」と思って、ソニー生命を作りたいと考えたわけです。

そう思っていたところ、昭夫の友人であったプルデンシャルのドナルド・マクノートン会長が1975年に来日した時に話をしたら、日本でやってもいいよということになったそうです。

この頃の旧大蔵省は、護送船団方式と言われたように、金融の世界に外資を絶対に入れないで日本を守っていました。一方で、グローバリズムの波に日本が飲まれつつあって、金融自由化もしなければいけないという流れも起こってきました。最終的に旧大蔵省が、ジョイントベンチャーならいいと言って、1979年にソニー・プルデンシャル生命保険を認めてくれたのです。そして、ソニー生命保険株式会社に改称したのは、1991年のことでした。

現在では、ソニーフィナンシャルグループ株式会社のもとで、ソニー生命、ソニー損害保険株式会社（ソニー損保）、ソニー銀行などを含めた一大金融グループを形成しています。

私がソニー生命の会長の打診を受けた時に、「社長は誰？」と聞いたら、社長も今考えているということでした。会長だと何も実情がわからないから、私に社長もやらせてくれと言って、両方をやることにしました。やはり社長として実務を知らないと何もできませんからね。

とにかく、社長室に座っているだけでは何も分かりませんし、人の報告を聞いたって、自分の都合の良いことしか言いませんから、日本全国のソニー生命の支社を回りました。私はとにかく現場主義です。

当初、ソニー生命では、ライフプランナーという営業社員が750人ぐらいいました。本格的に保険の自由化の波が来た時、なまじ中途半端なところは自由化の波にさらわれてなくなってしまうかもしれない。何とかして今のうちに体力を蓄えておかないといけないと考えました。私は5年間でライフプランナーを750人から3400人にしたのです。

1994年には、岩城賢さんがソニー本社を定年になったので、「彼をください」と言って、岩城さんを社長にして私は会長を続けました。

ソニー生命は、他の保険会社の経験者を採用せず、お客様対応を優先的に行えるよう出社日は週2日という勤務形態の非常にユニークな会社でした。

各地に支社があり、支社長と営業所長がいました。そこで営業所長が、自らリクルートしていくのです。本社の人事部は基本的に関与せず、現地採用しました。そのライフプランナーのお客様への貢献に応じて、支社長の報酬が決まる。要するに、支社は独立自営なのです。だから、みんな一生懸命良いライフプランナーを採ってくる。良い人を採ってくれれば、自分の報酬にも反映されるシステムでした。

ソニー生命は、日本の生命保険業界でかなり後発でしたが、他社とはやり方がまったく違いました。元はプルデンシャルから承継したものですが、それをソニー流に変えていきました。

お客様の所に行っても、できた商品をポンと売るのではなくて、お客様の生活体系を伺って、将来どうなるかというのを推定して、それでいろいろな保険の商品を合わせて、こういう形にすると一番いいですよと提案しました。要するに、一つずつが商品ではなくて、部品だと考えたわけです。それで、子どもができたらそれに合うようにする。ライフプランナーが、一生面倒見ますよというわれわれのスピリットを伝えてセールスをしていきました。

1996年に保険業法の改正が行われて、子会社形態での生損保相互乗り入れが認められ、いわゆる保険の自由化が起こりました。規制緩和によって、新規参入と既存保険会社の再編成が行われ、小さな保険会社は、大手保険会社に統合されていくケースもありました。

そんな中でもソニー生命はどんどん成長して、1999年12月には総資産1兆円を超えるほどになりました。

ちゃんとやれば、ちゃんとなる

私は、仕事が技術者から保険業に変わっても、戸惑いはまったくありませんでした。「自分はオーケストラのコンダクターだ」と思った時から、商売は何でもいいと思っていたのです。「業種は何でもいいから、オーガナイズして立派にすることが、自分にとっては一番いい仕事」と考えていました。

生命保険はまったく知りませんでしたが、私のコンダクターとしての力が、ソニー生命でも存分に発揮された形になりました。もちろんみんなの力でもありますし、ソニーのブランド力でもあります。

私のスタンスは非常にはっきりしています。自分が何か任せられた時に、上に誰かいて、ごちゃごちゃ言われたら、思い切ってできません。「俺に任せるなら、俺に任せてください」と。「ダメだったらクビを切ってください」と。そういうスタンスで

1992年、マウイコンベンションでのスピーチ

あるべきだと私は思っています。

私自身は、ごちゃごちゃ言われるのが大嫌いでしたので、ソニーの本社にいた時よりも、ソニー・アメリカの会長になったり、ソニー生命の社長と会長になったりした時のほうがはるかに面白かったです。なぜかと言うと、そこには、私にものを言う人がいなかったからです。

ソニー生命を70歳まで勤め上げました。心境として正直に言えば、ソニーグループで70歳以降もやらせてくれるならやらないでもなかった、という未練はもちろんありました。アメリカにもいたかったですし、ソニー生命も面白かったですから。

しかし、いつまでも自分のような年寄りがいてもいいことはありません。やはり若い人にだんだん譲っていったほうがいい。自分が下の立場にいたら、上がいつまでもいたら面白くありませんし、いつまでも年寄りが残っていたら、新陳代謝しません。創業者ならいざ知らず、私は創業者ではないので、やはり次に譲ったほうがいいと思いました。幸い1年だけソニー生命の名誉会長にしてくれましたが、1998年、70歳の時にソニーグループから完全に退きました。

その時、私には何かをやるという当てがあったわけでありませんでしたが、後に私が始めることは、全部ソニーで働いた時間と経験を活かし、ソニーからもらったノウハウを使ってやることになります。そういう意味で、ソニーでの経験から、自分が何かをやるためのノウハウをいっぱいもらったということを強く感じていました。

だから、私が皆さんに言いたいのは、いっぱいノウハウをもらって退職したのだから、そこでやれやれとゆっくり腰を落ち着けないで、それを活用するといいのではないかということです。

私には、座右の銘みたいなものがあって、笑われるかもしれませんが、〝ちゃんとやれば、ちゃんとなる〟です。

だいたい、自分でちゃんとやったつもりでも、ちゃんとやってないことが多いです。それから、ちゃんと行かないことがいっぱいあります。その時に、人のせいにしたら、何にも役に立たない、ゼロです。どんなに人のせいだと思うことでも、どこかに自分がちゃんとやってないところがあるのです。だから、私は、何でもちゃんとやれば、絶対ちゃんとなると思っています。

第5章

盛田正明テニス・ファンド

今こそ他人のやらないことをやる

朝起きて朝ごはんをかきこんで会社へ行くという47年間のルーティンが、私の体の中に染み込んでいました。それが、ソニーグループから引退したことによって、自分の体の物理的なサイクルがガラッと変わりました。特に行く所がないし、いくら寝ていてもいい。会社勤めの時は、「昼まで寝ていられたらいいな」と思ったこともありましたが、いざそうなったらやはり何となく不安な感じもしました。どこも行かなくていいというのは、嬉しいような寂しいような感じでした。

名古屋の実家で過ごすという考えはほとんどなかったです。実家には、私の2番目の兄の和昭が住んでいましたから、そこへ帰るわけにいきません。私の家は東京なので、名古屋へ帰るという気はなかったです。

軽井沢の別荘へ行ってテニスをしたり、東京ローンテニスクラブに入れてもらってプレーしたりしました。ゴルフもやりました。たまにソニー時代の元同僚に会ったり、ソニーOB同士で集まったりもしました。

47年間の生活サイクルがストンとなくなって、どう体の調整をしていくかと同時に、もう一つは何をするか、いろいろ考えました。幸いにして、私は健康でしたので、「健康なら何かしたいな」と感じていました。

私は前からよく言っているのですが、ビジネスをしている時の私とプライベートの私とでは、ものすごく違います。

私がテニスのジャパンオープンで観客の前でスピーチするところや、ビジネスのところばかりを見られているから、そういう目立つことが好きなのだろうと思われているようです。実際はまったく違っていて、ビジネスはビジネスで、立場上しょうがないからやっているのです。ビジネスだったら誰とでも会うし、何でも食べますし、どこへでも行ってスピーチします。

プライベートの時は、パーティーに行ったり、いろんな会に行ったりするということを私はあまりしたくありません。家にいたら誰にも声をかけないですし、一人で遊んでいます。

個人だったら、だいたい食べるものは、どこに行っても決まっています。和食はあまり食べないし、ご飯もあまり食べません。若い頃は、それこそどんぶり飯で食べましたけどね。

お酒は何でも飲みますけど、日本酒だと一合ぐらいで、少ししか飲みません。毎晩缶ビールを7〜8割ぐらい飲んで、ご飯を食べるとおいしいです。食事をおいしくするためにお酒を飲む。ワインも飲みますよ。ちょっと飲んで食事をするとうまい。酒蔵「盛田」で作られた『子乃日松（ねのひまつ）』という銘柄の日本酒は、いつもうちの冷蔵庫に入れてあります。冷やして飲むとうまいです。

ソニーグループから引退して、実際に何かにチャレンジしてみるかということを決心するまでに約1年かかりました。その時を振り返ると、とてもつらい1年でした。ソニーに入社して以来、井深さんから常に目標を与えられて、それに邁進することで、働きがいと生きがいを実感するという〝目標人間〟になっていましたので、ソニーからリタイアしても、自分に対する目標が必要でした。

とにかく何かやりたい、これから何をしようかと、本当に一生懸命考えました。ただ、悩んだことは確かですが、本当にあの1年間は何をやっていたのだろうと、今は思い出せないのです。自宅で何をやろうかと年中考えていましたが、不思議と私の記憶の中に残っていないのです。

そして、ある時ふと思い浮かんだのは、私が47年間過ごしたソニーで徹底的に鍛えられた、「他人のやらないことをやる」という、ソニースピリットでした。井深さんから、人のやらないことをやれと鍛えられましたから。

振り返れば、私にとってソニーでのキャリアは、いわばさまざまなノウハウを蓄積する時代でもあったのです。

「そうだ！　今度は、どうせやるなら自分自身で何か他人がやらないことをやってみよう！」

そう思いついた途端に、目の前の霧がすっかり晴れ上がったような気がしました。

しかし、だんだん自分の体が衰えるだろうから、自分自身が何か人のやらないことをやるというのは、もし自分の体力がなくなったら、それで終わりになってしまう。やはり死ぬまでやれるもののほうが面白いなと思いました。

「そうだ。子どもに、それを託せばいいんだ」と思いました。そうすれば、自分がいくら弱ろうが、病院で寝ていようが、「子どもたち頑張れ」って思えば、やってくれるのですから。子どもたちが自分の身代わりというか、分身だと思って託せばいいのだ。これが、後の「盛田正明テニス・ファンド」の発想の原点となりました。

マコーマックとの出会い

1980年代の初めぐらいから、私は、スポーツエージェンシーであるIMG（International Management Group）を創設したマーク・マコーマックと親友でした。マコーマックに誘われてテニスの4大メジャーであるグランドスラムのテニス観戦によく行きました。会場内のIMGのVIPルームに行って昼ご飯を一緒に食べて、それから試合を見て帰るということを毎年やっていました。

アメリカに赴任している時には、毎年8月下旬からニューヨークで開催されるUSオープンテニスをよく見に行きました。USオープンは、グランドスラム大会の一つです。

他のグランドスラムであるウィンブルドン（全英テニス）やローランギャロス（全仏テニス）にも行きました。1996年ウィンブルドン女子シングルス準決勝で、伊達公子選手がシュテフィ・グラフ選手と対戦して勝ちそうになった試合も、私は現地で見ていたのです。伊達選手が勝つかもしれないと思ったら、日没順延でグラフ選手がサッサッと引き上げてしまった。「まだボールが見えるのにな〜」と私は思いました。

元女子世界ナンバーワン選手だったモニカ・セレスさんは私の親友です。マコーマックのおかげで、本当にテニス界に、私の顔を広めることができました。

マコーマックと初めて出会ったのは1980年か少し前の頃で、私がソニーの専務をしている時でした。

彼が、日本のことを勉強したいけど誰に聞いたらいいかと尋ねた時に、どういうわけかIMGの日本支社の人が、ソニーの盛田さんの所に行けと言われたようです。

当時、銀座のソニービルに『マキシム・ド・パリ』（1966〜2015年）というレストランが入っていて、そこで晩ご飯を一緒に食べました。アメリカ人にとって、パリの『マキシム』はあこがれのレストランの一つで、そこに連れて行ったものだから、彼はとても嬉しそうでした。

IMGが伸び盛りの頃で、マコーマックが私のオフィスに来て、ゴルフ大会の冠スポンサーをやってほしいと頼んできたこともありました。ソニーは、そんなよその会社がやっているようなことはやらないと私は断りました。

さらに、バチカンのローマ法王が世界中を回る際のビデオ映像の権利はどうかとか、ノーベル賞受賞式でのスピーチ映像はどうかとか売り込んできたのですが、マコーマックの提案のほとんどを断っていました。

当時マコーマックは有名なアメリカンビジネスマンで、飛ぶ鳥を落とす勢いで行って、必ず鳥を落として帰って来るというようなすごい人物だったらしいのですが、私はそんなことを全然知らないものだからみんな断っていました。マコーマックからしてみたら、こんなに断るやつは初めてだと思ったのではないでしょうか。

私は、彼が二度と来ないと思いましたが、それから彼は日本に来る度に、必ず私とご飯を食べたいと言ってきて、「ビジネスの話はしないよ」と私が言ったら、「それでいい」となって晩飯の約束をしたものです。

親友のマーク・マコーマックと

マコーマックとプロゴルファーのアーノルド・パーマーは、大学は違うものの、アマチュア時代にゴルフの良きライバルだったそうです。卒業してパーマーはプロゴルファーになって、マコーマックは弁護士になりました。ある日マコーマックが、パーマーの家に遊びに行ったら、パーマーは一生懸命伝票の整理をやっていました。

「おまえ、そんなことをやっているから、強くならないんだ。伝票整理は全部俺がやってやるから、おまえはゴルフだけに専念しろ」と言ったのが始まりだったそうです。それでマコーマックが、パーマーと代理人契約を結んでマネジメントをやり始め、さまざまなスポーツビジネスに手を広げて成功していきました。ニューヨークにあったマコーマックのオフィスに行くと、隣にパーマーの部屋がありました。

マコーマックはゴルフがうまい。しかし、テニスはあまりうまくないことが分かったので、私からテニスをやろうと誘いました。朝早起きしてテニスをやって、夜に晩ご飯を食べて、そうやって親睦を重ねながら彼とは親友になりました。

私は海外へ行く時に、必ずテニスのラケットを持っていくようにしていました。マコーマックが、アメリカでテニスのアレンジをしてくれるのですが、彼は負けず嫌いだから、ダブルスをやると必ず自分のパートナーに強い人を選ぶんです。

私も「負けるもんか！」と思って、彼が日本に来た時には、私が強いパートナーを選びました。マコーマックとはそういう仲間で、家族ぐるみで親しくして、本当にお世話になりました。

毎年12月にハワイで女子プロテニスプレーヤーと男子のアマチュアが組になって行うプロアマのトーナメントがあり、そこに招待されたことがありました。私は、有名な女子プロテニスプレーヤーと一緒にテニスをして、たくさんの選手たちと顔見知りになることができました。

その後、ゴルフでもマコーマックから依頼されて、ソニーは、1986年に、男子ゴルフの世界ランキング「ソニーワールドゴルフランキング」をIMGと一緒に立ち上げました。これは、全世界をカバーするプロゴルファーのための初のランキングシステムになりました。

日本のジュニアを強くするにはどうすればいいのか

招待されたテニスのグランドスラムに行って、試合で日本人選手がさっぱり勝てないのを見て、ハッと思ったことがテニス・ファンドをやってみようというきっかけになり、やったら面白いかもしれないなと思い始めました。もともと私はテニスが好きですから。

その頃から、なぜ日本人は、グランドスラムの上位になかなか入れないのだろうと思っていました。日本で見ると結構強いのですが、グランドスラムに行くと1回戦負けで、本当に力を出せない——。

私は、よく観察してみようとグランドスラム会場のプレーヤーズルームを覗いてみました。テニスでは、第1試合以外は、前の試合が終わってから次の試合が始まるので、いつ自分の順番が来るか分からないのです。そのため長い時間プレーヤーズルームで待たなければいけないのです。

多くの選手はリラックスして自由に振る舞っているのに、日本人選手はどこにいるのだろうと思ったら、隅のほうで、ご飯を食べたりおせんべいを食べたりしているようでした。「あぁ、これじゃ勝てないな」と思いました。

選手たちは、自分ではそういうつもりではないのでしょうが、私から見たら、いくら練習したって試合でテニスコートに出る時に、すでに半分負けているようなものでした。

試合に負けた時でも、皆すごく悔しがっているのに、日本人選手は「あぁ、終わった」という感じです。あとはおみやげを買って帰る。もう、1回戦で負けようが、どこまで行こうが、「グランドスラムに出た」というだけで、錦を飾って帰るみたいに見えました。

これを変えるにはどうしたらいいのかと考えると、順番にいろいろ発想が湧いてきました。

日本のジュニアを、海外テニス留学させるには

私は、自分がアメリカへ赴任する前に、毎年海外へ10回ぐらいは行っていましたが、出張で行って帰って来るのと海外に住むのとでは、ものすごく違うということが分かっていました。海外出張では、本当の外国は分からない。やはり住んでみて、初めて分かるものがあるのだと。

自分の経験からすると、日本から出張で行った場合、海外での待遇はお客さんなのです。一方、ソニー・アメリカとして行って住むと、コンペティターなのです。要するに、こいつと対等に付き合っていいかどうかを考えてくれるということです。

例えば、パーティーでも、口には出しませんけど、この人物とまともに付き合っていいかどうかすぐ評価しますから。ある奥さんが、「あなた、どこに住んでいるの?」と聞きます。向こうでは、だいたい住んでいる場所でクラスが分かります。そうすると、この人は付き合っていい、とか。そういうのがヒシヒシといろんな部分で分かります。海外に住むことと、日本からの出張とでは全然違うのです。

日本からチームを組んで、何度海外へ遠征に行っても、私は無駄とは言いませんけ

ど、あまり効果はないと考えていました。

日本のジュニアをテニス留学させて、小さい頃から海外に住まわせないといけない。そこでテニスの練習をさせて、いろんな苦労をさせ、そのうちに慣れていけば、世界中どの国へ行っても平気になって、楽しくやれるようになる。そうしたらテニスコートに立つ時に自分の力を１００パーセント出せる。そういう経験を積ませれば、同じ選手でも全然違ってくるだろう、というのが私の発想なのです。

日本テニス選手の技術的な強化はできないけれど、コートへ出た時に、１００パーセントの力が出せる選手を作るのだったら、私にもできるなと思いました。

できるだけ若い時に海外に住まわせるサポートをやってみようと思いましたが、実際に私はテニスを教えたことはありませんし、何も分かっていませんでした。そこで最初に、吉井栄さん（現在、日本テニス協会のテニスミュージアム委員長）に相談しました。吉井さんのお父さんは三井銀行の専務をやっていらして、銀行を退職されてからソニーに来られた。その二男が吉井栄さんで、ちょうど私がアメリカに行った時に、アメリカの証券会社に勤めていて、テニスがうまい彼に連れられて、いろいろテニスをしました。彼は日本に戻って来ていたので、テニスのことは彼に聞く以外ないと思いました。

吉井さんに聞いたら、「日本にそんなことを考えている人はいない。面白いからやりましょう」と。

「誰かテニスのよく分かる人で、手伝ってくれる人はいませんか?」と私が聞いたら、吉井さんは、坂井利郎さん(1970年代前半中心に活躍した往年の名選手で、現在は日本テニス協会名誉副会長)を連れて来てくれました。坂井さんは、「面白いから何でも手伝います」と言ってくれました。

子どもたちを募集して探していきたいが、誰かその目利きのできるいい人はいないかと聞いたら、丸山薫さんを紹介してくれました。丸山さんも1980年代に活躍した元テニス選手で、引退後は、日本テニス協会のナショナルコーチを務めた経験がありました。全国小学生テニス大会などいろいろなジュニア大会があるから、いい選手をそこで見つけてきますと言い、子どもたちを何人か集めてきました。丸山さんが錦織圭をピックアップしてこなかったら、今の彼はありませんでした。

そして、海外のどこでテニス留学を実際にさせたらいいか。私が、アメリカのどこかで日本のジュニア選手を育てたいとマコーマックに電話で相談したら、「ニック・ボラテリーテニスアカデミーを使え」と言うのです。1972年に、ニック・ボラテリーテニスアカデミーがフロリダに創設されていましたが、マコーマックは、

1987年にアカデミーを買収していました。私にとってはラッキーなことでした。マコーマックがテニスアカデミーへ同行することになり、吉井さんと坂井さんと私の3人が、フロリダに行きました。ニック・ボラテリーの前で、私がやりたいことを説明して、「協力してくれるか?」と聞いたら、私の横に買収した親分であるマコーマックがいるので、ニックはイエスと言わざるを得ませんでしたね。

ニックのテニスアカデミーの様子を見ていたら、当時300人ぐらいの子どもたちが世界中から集まってきていました。アメリカというのは、ある意味冷たいですから、テニスが上手な子は、上のレベルへ引っ張り上げるけど、ダメな子は、見て見ぬふりをする。

ピラミッドみたいにクラスがあって、一番上に数人しかいないものすごいクラスがある。そこに入れると、それこそ世界屈指のいいトレーニングができる。テニスだけではなくて、体のトレーニングからメンタルトレーニング、さらにうまくなってくると、スピーチトレーニングまでしてくれます。

それまでも日本人でニックのテニスアカデミーに行った人はたくさんいましたが、そんなすごい選手になったことはなかったので、あそこへ行ってもダメですよ、と当時私は言われました。

ですから私は、ピラミッドの頂点にあるエリートクラスに入れないとダメだと思いました。

テニス・ファンドのスタートは試行錯誤の連続

盛田正明テニス・ファンドの基本的な選考方法は、以下のとおりです。

毎年10月に、第一次選考、第二次選考（IMGアカデミーコーチによる）

毎年1月に、第三次選考　アカデミーで2週間トレーニング。ファンドとIMGアカデミーが一緒に選考。

われわれが日本の子どもを集めるから、ゲイブリエル・ハラミロというアカデミーのヘッドコーチを毎年秋に招待して東京に来てもらい、ハラミロがいいと思った子どもだけ、フロリダに行かせるようにしました。

アカデミーへ海外テニス留学をさせる定員はありません。いいジュニア選手が一人もいなかったら、ゼロと言いなさいとハラミロに伝え、実際にゼロと言われたのが、

盛田正明テニス・ファンドの留学地・IMGアカデミー

ＩＭＧアカデミーは、アメリカ・フロリダ州のブラデントンにあり、東京ドーム約52個分という600エーカー（約243万平方メートル）の広大な敷地に、55面のテニスコート（インドアコートあり）、18ホールのゴルフコース、バスケットコート、16面の天然芝サッカーフィールド、9面の野球場、5000席のスタジアムを備えた陸上トラックがある。トレーニング施設やリハビリ施設も充実しており、いわばプロスポーツ選手の養成所で、世界中から子どもたちや練習生が集まっている。

テニス部門では、これまでアンドレ・アガシ（アメリカ）、ピート・サンプラス（アメリカ）、ジム・クーリエ（アメリカ）、モニカ・セレス（アメリカ）、マリア・シャラポワ（ロシア）、そして、錦織圭など、長年にわたって世界トップレベルの選手を育成し輩出している。

なお、アカデミーの創設者であるニック・ボラテリーは、2022年12月に91歳で亡くなった。

テニスコート55面を有するIMGアカデミー

2年か3年ありました。
その代わりヘッドコーチがいいと言って、アカデミーへ連れて行くのだから、ハラミロにも責任があります。一生懸命鍛えてくれました。

2000年6月から、「盛田正明テニス・ファンド」をスタートさせました。法人格を取得するにあたって、財団にするか何にするか、ものすごく迷いました。私の資金は、財団にした途端に財団法人の資産になり、個人で自由に使えないお金になってしまいます。面倒だなと思いながらも、なぜ財団にしたかと言うと、税金の違いです。私が最初に投じた資金を運用して、その利益で子どもたちを派遣していますが、運用利益を、普通だと20パーセント税金に取られる。財団だと一銭も取られない。20パーセント違うというのは大きい。だから、もう財団にせざるを得なかったのです。本当はもっと自由にやりたいのですけどね。アメリカで財団を作ることも考えました。向こうだとすぐできるのです。ただ、アメリカに住んでないとなかなか厳しいので、結局、日本で作ることにしました。

こうして、日本から世界的に活躍するプロテニスプレーヤーを育成するために、将来有望なジュニア選手を金銭的にサポートするテニスの奨学金制度である盛田ファンドの活動を始めました。法人化の手続きでは細かい文言まで直されるので、そのために専門で一人お願いをしてやってもらいました。それで3年間の実績を見てもらい、2003年4月にやっと盛田ファンドが、文部科学省から公益財団法人の認可を受けました。

ファンドの設立資金は、最低このぐらいという基準はありません。それは自分で決めればいいのです。

ソニーは株式会社ですが、最初は非上場でした。東京通信工業を設立する時に、私の父親が資金面でちょっと援助したものですから、上場する時にソニーの株を父親が持つことができたのです。その株を、ソニーに入った私に少し譲ってくれました。

私にはその株があったので、ソニーの株の一部を売って、最初のお金にして、それで財団を作りました。ほぼ10億円です。ソニーで増やしたお金だから、自分のやりたいことに投じるのは、少しも惜しくないと思いました。

私にとって、本当にものすごくラッキーだったのは、2000年に、ソニーの株が1株、3万2000円だったこと。その時に3万株ぐらいを売って、約10億円を確保しました。

毎年子どもたちを海外へ送り出している費用は、私のポケットマネーから出しているると思われがちですが、一銭も出していません。財団で運用して、その運用益で、子どもたちを派遣しているわけです。

盛田ファンドの中に、「デベロップメント・コミッティー」というものがあって、良いと思われることは何でもやってみよう、あるいは、こうしたほうがもっと良いと分かったらすぐに改善していこう、という方針があります。

私は、テニスの指導のことを本当に知りませんから、坂井さん、吉井さん、丸山さんに集まってもらって、その方々の意見を聞いてやる以外はない。目標が世界に出る選手を作りたいのだから、それに一番いい知恵を使うべきであって、私自身の思いどおりにやって、いい選手ができなかったら何にもなりません。いい知恵があったらいくらでも実行しました。

かつて井深さんは、会議で役職に関わらず、たとえ新入社員でもいいことを言うと、「それで行こう」と言う人でした。私はそれをいつも横で見ていました。物事を決めるのは、いい意見かどうかで決めるもので、役職や立場で決めるものではありません。それが、私の体に染み込んでいるので、盛田ファンドの運営にも反映されました。

当時、世間にあまり盛田ファンドの情報が出回っておらず、オーディションも非公開でしたから、当初、「盛田正明テニス・ファンド」の活動に対して賛否が分かれていたようです。

日本テニス協会の強化委員会で、「われわれのトレーニング計画に反して、盛田さんが、勝手に有望ジュニアをアメリカへ送ってしまう」という反発があったと聞きました。「われわれの教え子だ、ナショナルチームのメンバーだ、それを勝手に連れて行くのはどういうことだ」と。そういうムードが4〜5年あったようです。私はまったく意に介さず、徹頭徹尾方針を変えませんでした。

実際には盛田ファンドの活動が始まって、最初はうまくいかないことが多く、試行錯誤の連続でした。

ファンドの1期生として、不田涼子を含めた3人の女の子を送ったのですが、やはり保護者が心配するのは当たり前です。中学1年生ぐらいの子が、親元を離れて海外で生活するのですから。親御さんがテニスのコーチというケースもあって、最初、いろいろゴタゴタが起きました。

これは大変だと思って、以後海外へ子どもを送る時に、親御さんを呼んで、寂しがるであろう子どもたちへ、何かものを日本から送ってやることは大いにやってくださ い、ただ、任せてくださった以上、どういう練習方法をしろとか、どういう試合に出ろとか、テニスに関することについては一切言わないでくださいと。もしおっしゃるのだったら、すぐに子どもを日本へ戻します。ファンドに任せてくださるのなら、こちらのやるとおりにお願いしますと、必ず伝えるようにしました。

それをはっきり言わないと、子どもたちが困ってしまうのです。テニスコートでコーチからこう言われた。一方で、寮に帰って電話をかけたら、父親からこう言われた。こうなると子どもたちは、どっちをやっていいか分からなくなってしまいます。


子どもに海外経験を積ませるのが大事ではあると思うのですが、全員がプロテニスプレーヤーになれるかどうかは分かりません。10代前半の子どもたちがプロになりたいと決意して、覚悟を決める大変な世界ではあります。私が驚いたのは、やはり盛田ファンドの選考会に来て、合格するぐらいの子は、本当にテニスがやりたくてしょうがないのです。ものすごく海外は厳しいけれども、だから嫌だ、帰りたいと言った子は一人もいません。

例えば、夏休みやお正月、子どもたちが日本へ一時帰省するのですけど、お母さんは大喜びです。でも、子どもはアメリカへ帰りたくてしょうがない。

成田空港での送迎の場面では、子どもたちは頼もしくて、「お母さん、行ってきます」と言った後、1回も振り返らずにテクテク飛行機へ向かうそうです。お母さんは涙ながらに、「2回ぐらい振り返りゃいいのに」とこぼすほどです。

それぐらい子どもたちは、テニスが好きなのです。こちらが心配するほど帰りたいと言う子はいません。アメリカにいる間のことを聞くと、ホームシックになる時はあるらしいです。ですが、やはりテニスをやりたいという気持ちのほうが大きいようです。

今はスマートフォンで顔を見ながら話ができますけど、逆に私はマイナスだと思います。アメリカへ行ったら向こうで覚悟して、親から離れて頑張るという精神を身に付けさせたいけど、毎晩話そうと思えば話せますからね。だけど、男の子はまずやりません。自分のやりたいテニスができて、もう嬉しくてしょうがないらしいです。

自分のやりたいことを見つけて突き進むことに関して、年齢は関係ないのかもしれないですね。

例えば、中学校で、今の子どもたちに、将来何になりたいかはっきり言える子は少ないでしょう。しかし、盛田ファンドに来る子は、もうテニスと決まっているのです。そういう意味では、精神状態が極めて健全です。「自分の行く道はこれだ」と思っているのですから。

そういった子どもたちをたくさん見られるのは、嬉しいですし、面白いですね。毎朝起きたら、すぐパソコンをオンにして、盛田ファンドの子どもたちが、世界のジュニアトーナメントで前日に勝ったかどうか、一番に見るのです。

幸いにして、今まで事故が一つもないです。それはもう年がら年中気になっています。中南米では、キッドナップと言って、子どもがさらわれたりしますから、空港ではトイレに一人で行っちゃいけないよとちゃんと注意しています。気をつけて行動しなければいけません。

盛田ファンドでは、2年目の活動から、一人ひとりの子どもに目標を出しています。毎年9月の初めに5つぐらいの目標を出して、翌年の5月までに二つ以上クリアできたら、翌年も自動的にフロリダでテニスの練習ができる。目標クリアが一つかゼロだったら、日本に帰って来なさいと。だから、今まで約31人（2023年時点）の子どもたちを送って、最後まで行けたのは、錦織圭、西岡良仁、中川直樹、福田創楽《そら》、川口夏実、望月慎太郎の6人しかいません。内山靖崇は、5年のうち4年目に帰国しましたが、4年間盛田ファンドにいたから立派です。

目標を子どもたちが達成するかどうかを見るのは一番ヒヤヒヤします。大変だけれども、目標をクリアすると、やはり今までなかったような力が出てきますから。

■盛田ファンドの卒業生として道を切り開いた錦織圭■

「盛田正明テニス・ファンド」が、ジュニアに金銭的なサポートをする内容を記しておきます。

●日本とアメリカの往復飛行機運賃。9月のアメリカ行き、12月日本行き（正月の一時帰国）、1月のアメリカ行き、6月の日本行き
●フロリダ滞在中の寮費
●IMGアカデミーでのトレーニング費用
●教育費

●アカデミー在学中における、試合の遠征費
※金銭的なサポートは最長で5年間
少ない時で多少金額が異なる場合があるが、1年間一人のサポートにかかる費用は、数百万円で1千万円はいかない。ただし、錦織のように3年目から専任コーチをつけた場合は、1千万円を超える。コーチ代は、テニス・ファンドとアカデミーがそれぞれ出す費用を相談して決める。奨学金の返済義務はない。

ラケットやシューズ、ストリングスの張り替え、お小遣いなどは自己負担。


錦織圭がプロになって初めて世界のトップ100に入った時、最初に作ったファンドのルールなのですが、年間獲得賞金の10パーセントを、5年間盛田ファンドに還元してもらいました。返してもらった分は、次の子どもたちのために使うのです。

圭が、盛田ファンドの卒業生代表として、ATP（Association of Tennis Professionals＝男子プロテニス協会）ツアーで定着し、しかもグランドスラムで活躍しました。ファンドの当初の目標は、一つ達成できたと言えます。やはりトップ選手を育てるのがファンドの目標ですから、そういう意味で圭は本当によくやってくれました。

2001年か2002年に、圭がファンドの選考会に来た時のことを覚えていま

錦織圭が 2006 年全仏オープン男子ジュニアダブルスで優勝した時のもの

す。圭を含めて3人の子どもをフロリダに送った時です。ボール遊びの好きな子でした。サッカー好きで、休憩時間にテニスボールでリフティングしていました。ボールを扱うのが大好きだから、ボールに対する感覚がすごく良かった。

私の横にはハラミロコーチがいて、圭を見ながら、「あの子のスウィングスピードはいいな」って。ハラミロコーチによれば、一番大事なのは、ボールがテニスラケットに触れる瞬間、つまりインパクトする時にスウィングスピードが速いかどうかということでした。

盛田ファンドを始めた2000年代初め頃は、日本男子テニス選手が世界のトップ10に行くのが、なかなかイメージできない時代でした。その中で、圭が11歳の時に、盛田ファンドと出合って、サポートできたことも良いタイミングの一つだったのかもしれないですね。

圭がフロリダへ行ってからのハラミロヘッドコーチの采配は見事でした。圭は、1年目は大したことがなかったけれど、2年目になったら、派遣した3人の中で一番力が伸びました。

それ以降のハラミロコーチの圭に対するやり方が非常にうまかった。私は、圭が力を伸ばした相当な部分について、ハラミロコーチが寄与したと思っています。まず、圭の3年目にエリートコースへ入れることをプッシュしてくれました。それから圭が15歳の夏にハラミロコーチから電話がかかってきて、「圭は面白いから、プライベートコーチをつけてもいいか」と聞いてきました。私は「OK！」と返答して、シーザーというコーチが圭につきましたが、ハラミロコーチは、1年ちょっとでまた圭のコーチを変えました。あれが私は非常に大事だったと思います。圭の成長過程に合わせてコーチを変えるべきで、実際にそうしていったのです。ハラミロコーチに見てもらって、圭は非常に幸せだったと思います。

〝名選手必ずしも名コーチにあらず〟という言葉がありますが、私はそうだなと感じています。むしろ、あまりテニスの実績や経験がなくても、子どもたちのことをよく分かる人のほうが、その子の特長を伸ばすことができます。

どうしても名選手は、自分の経歴があるものだから、自分流の方法でやりたがります。ニック・ボラテリーにしろ、ハラミロコーチにしろ、彼ら自身のテニスキャリアは自慢するものがないかもしれませんが、コーチとしては優れていると思います。

子どものいいところを活かしてやるのがやはり大事で、ハラミロコーチたちが、盛田ファンドに関わってくれたのは、非常にラッキーでした。

盛田ファンドでは、海外テニス留学費用だけでなく、教育費もサポートしていて、中学生は進研ゼミを、高校生は青森山田高校の通信課程を履修させています。

テニス選手は、いつまでもテニスをやっていけるわけではありません。一番の成長期に子どもたちをお預かりするわけですから、テニスをうまくするだけではダメで、一人の人間として、ちゃんとした人物に育てないといけない。そうでないと、結局本人が、ハッピーじゃありません。ですから、少なくとも盛田ファンドでテニスをするなら、高校を卒業させたいと考えています。大学へ行くかどうかは、子どもたちが決めればいいのです。

全員トッププロになれるわけではないですが、たとえ途中でダメになっても、われわれが行ったことがないような世界を遠征して、いろんな経験をしてくるのです。普通の子どもが経験できないことをしているのだから、やはりそれを活かした人生を送ってくれれば、それで十分です。何も世界のトップ選手になることだけが、人生ではないですから。

実は、一つ日本政府に言いたいことがあります。

日本には、お金持ちがいっぱいいて、個人のお金が余っているのです。そのお金をちょっとでも子どもたちのために、スポーツに限らず、芸術でもいいし、学問でもいい、何かに使ってくれれば、政府のお金を、そんなに使わなくてもいいのではと私は思います。文化庁よりも、スポーツ庁よりも、個人のお金持ちのほうがきっとお金を出せますよ。

ただ、なぜそれをやらないか。私みたいに、自分が面白いからやっているならやれますけど、もしそれをやっても、金銭的メリットは何にもないからです。子どもたちのサポートにお金を出したら、相続税が減りますよと言ったら、みんなやりますよ。人はみんな死ぬのですから、財産を国に半分ごっそり相続税に取られて、何に使われるか分からないよりも、自分がやりたいことで子どもたちを金銭的にサポートして、自分の名前が残せたほうが断然いいですね。

残念ながら自由経済では、お金がなかったらダメですから、それこそファンドがあって、子どもたちをサポートしたり、アントレプレナー（起業家）の支援をしたり、そういうことができればいいのかもしれません。

私はそのほうがよほど気持ちがいいと思います。

今も私は、毎年夏に開催される全国小学生テニス大会や、大阪での全日本ジュニアを見に行くことを楽しみにしています。私は暑いのが好きだから、朝から晩まで炎天下にいても平気です。寒いのはだめです。

盛田ファンドが始まってもう20年以上経ちますが、毎年楽しみですし、飽きないです。プロ選手の試合を見ているよりよっぽど面白い。子どもたちは、1年で成長し変わりますから。

確かに子どもたちにお金を使っていますが、よその子のためにお金を使っている気はないのです。本当なら自分にしかできないことを自身で頑張り、自分の理想を追い求め、自ら実現させたいところですが、ファンドの子どもたちが、自分の分身のようになってやってくれている。だから、自分のためにお金を使っているのと同じようなものだと捉えています。

マコーマックが生きていてくれたら、もっと面白かったと思うのですが、残念ながら（2003年に72歳で）亡くなってしまいました。でも、盛田ファンドを始めた時の気持ちは全然揺るぎません。今思えば、テニスが、日本ではあまり強くなかったから良かったのかもしれないです。日本の育成強化システムからすごい選手がどんどん出ていたら、私が入る隙間はなかったはずです。

第6章

日本テニス協会会長

えらいことを引き受けてしまった！

私が日本テニス協会（ＪＴＡ）の会長（第11代会長、２０００年6月～２０１１年5月）をやっていたから、「盛田正明テニス・ファンド」の活動を始めたと勘違いされている方もいるようです。それは誤解で、ファンドの活動のほうが先なのです。たとえ会長にならなかったとしても、自分のライフワークとして、好きなテニスで日本人選手を強くしたいという夢は持ち続けていたでしょう。

日本テニス協会の会長にならないかという話が、突然、私にもたらされました。

私の前の会長であった中牟田喜一郎さんは、九州にある岩田屋（九州最大の百貨店・現在は三越伊勢丹ホールディングス傘下）のオーナーでした。ソニーがテープレコーダーを販売していた頃、岩田屋が九州で一番大きな代理店でした。ですから、中牟田会長をよく知っていましたし、息子の健ちゃん（中牟田健一氏、喜一郎氏の長男）はソニーに来て勉強していました。

ある日、中牟田さんが来て、「自分の後をやれ」と言うのです。最初は岩田屋の会長のことかなと思いましたが、違いました。正直私は、日本テニス協会がどこにあるのか、何をする所なのかも知らない。断るつもりでいましたら、温厚な中牟田さんが、「あなたが『うん』と言うまで今日は帰らん」と言うのです。それで、1日考えさせてくださいと。

私がソニー生命にいた時、マコーマックが提案したソニー・ライフカップ（1997〜1999年）という女子テニスの日米対抗エキシビションマッチを開催したことがあり、その時、中牟田さんに公認のお願いに行ったことがありました。それで中牟田さんは、私がテニスを好きだと思われたようです。

妻に、「頼まれちゃったけど……」とこぼしたら、「やってみたら」とあっさり答えが返ってきました。しょうがないという気持ちもありましたが、「それじゃあ、やってみるか」と引き受けることにしました。

いろいろな知り合いに聞いたら、「こういう団体は専務理事が大事で、いい人を探さないとダメですよ」とアドバイスされました。それで誰がいいのかとテニス関係者に聞いたら、ほとんどの方が、「渡邊康二さんがいい」と言うのです。しかし渡邊さんは、私が日本テニス協会に入る4年ぐらい前に離れていたので、「彼はもうテニス協会には来ませんよ」と言われました。

渡邊康二さん（日本テニス協会名誉副会長）は、１９６０年代に活躍した元名選手で、住友軽金属工業株式会社に勤めていました。最初は渡邊さんからいい返事はもらえませんでしたが、私は、彼に断られれば断られるほど呼びたくなりました。

実は、渡邊さんは、日本テニス協会の常務理事と理事待遇の時代に、第一次ＪＴＡ改革プロジェクト（１９９７年、平成9年）と第二次ＪＴＡ改革プロジェクト（１９９９年、平成11年）の座長を務めていました。日本テニス協会の問題点を洗い出して、どうすればいいか取り組んでいましたが、遅々として問題改善には至っていませんでした。

渡邊さんの話によると、各都道府県協会、各地域協会、日本テニス協会と3層構造になっていて、これが縦の機能も横の機能も果たしていない。全部勝手なことをやっている感じ。特に、地域協会からは、日本テニス協会の言うことに必ず反発される雰囲気だったそうです。

渡邊さんと何度かお会いする中で、彼のテニス界の改革にかける情熱がヒシヒシと伝わってきました。渡邊さんとしても、私とだったら改革を実現できるのではないかと考えていたのかもしれません。最後には、私の申し出を引き受けていただけました。

ただ、本当に私は何をやってみたらいいか分からない。ふたを開けてみたら、当時の日本テニス協会にはお金が全然なかったのです。本当に「えらいことを引き受けてしまった！」という感じでした。

何とか渡邊さんを協会に迎え入れることに成功したことが、私のような者が日本テニス協会会長の仕事をできた一番の要因です。皆さん、私の会長時代を褒めてくださいますが、要するにいいとこ取りをしただけです。

当時、地方のテニス協会に行くと、残念なことに日本テニス協会のことを悪く言う人が多かったです。しかし、そういう時に渡邊さんがいると、「ま、康二さんがいるならしょうがないな」という感じになりました。渡邊さんは、元テニス選手でしたし、人柄がいいですから。正直に言って、

「もう1年このままで行けば、協会を解散しなければいけないような状態でした。基本財産1億円があったのですが、それに手をつけざるを得なくて、それでもダメかもしれないというところでした。今だからもう言ってもいいと思うんですけど、盛田さんから基本財産に匹敵するぐらいのご寄付をいただいて、それで一気に協会は立ち直ったのです」
(渡邊康二氏の証言)

渡邊さんがいなかったら、私は何にもできなかったです。本当にいいパートナーを見つけられて、助けられました。

心配したとおり、全国を回ってテニス関係者や選手たちから話を聞くと、「役所みたいだ」とか、「頼んでもたらい回しにされる」とか、日本テニス協会の評判はとにかく悪かったのです。

2001年の正月のあいさつで、日本テニス協会の職員を集めて、「今日からテニス協会の名前を変える。〝テニスサービス協会〟にする！」と、私は言い放ちました。協会の名前が簡単に変えられないのは分かっていますが、みんなそのつもりでやってくれと言うことを伝えたのです。

「選手であれ、観客であれ、みんなわれわれのお客さんなのだ。われわれは、その人たちにサービスをすることが目的であって、お役所の役人みたいな顔をしているのであれば、そういう人はここで働いていてはいけない」

正月のあいさつとしてはふさわしくなかったかもしれませんが、それだけ協会の存続に危機感を抱いていたのです。

組織の現状は、働いている人の顔を見ればだいたい察することができます。その時の協会の人たちは楽しそうではありませんでした。

言われたことをやっていればいいというだけでは、自分自身も面白くないはずで、自分から何かをやろうと動き出せば、楽しくなるはずなのです。自発的な気持ちにならないとダメですし、やはり楽しそうな顔つきをしていないと、物事はうまく行かないというのが私の持論です。

ジャパンオープンテニスをフェスティバルに

日本で開催される一番大きなテニスの国際大会は、ジャパンオープンです。１９７２年から続く歴史ある大会で、２００８年まで男女共催ツアー大会でしたが、現在は男子ＡＴＰ大会のみとなっています。ここにも問題がありました。

２０００年６月に私が会長に就任した時、「大会の冠スポンサーがないから探してください」と言われたのです。10月の大会のスポンサーを探せって、それは無理な話です。しかし、私が会長の時にジャパンオープンがなくなってしまったら恥だし、先輩方に対して申し訳がありません。

私はソニーに走って、当時のソニー会長兼ＣＥＯだった出井《いでい》伸之《のぶゆき》さんに、「悪いけど1年だけスポンサーをやってくれませんか」とお願いし、出井さんが、「やりましょう」と言ってくれて、ソニーが2000年ジャパンオープンの冠スポンサーになりました。

2001年以降のジャパンオープンの新たなスポンサーも探すことになり、親友のマコーマックに相談しました。彼がAIG（アメリカン・インターナショナル・グループ、多国籍の保険会社）の会長を知っていて、それで私はニューヨークまで飛んで行って、AIGの会長に会って頼み、AIGジャパンオープンになることが決まりました。

1996年に伊達公子さんが優勝した時のジャパンオープンでは、1週間に約4万7000人の観客が来ていたそうです。2000年大会は、観客が1週間で2万6000～7000人ぐらいしか来ませんでした。しかも、観客が集まらないので、そのうちの何割かはタダでチケットを配った人たちでした。そして、みんな冷たいお弁当を食べていました。私は「これはダメだ」と思いました。

私はグランドスラムを何度も観戦してきました。ジャパンオープンと違って、どこの会場でも、試合を見ていない時は野外で食事をしたりお酒を飲んだりして、みんな楽しんでいます。あのようにしなきゃダメだと思いました。私は、日本テニス協会で、ジャパンオープンを〝テニストーナメントからテニスフェスティバルへ〟という

ジャパンオープンの改革を実現する中、2007年に錦織がプロへ転向した

標語を作って、とにかくお祭りのようにしようと改革を進めていきました。特に、ジャパンオープン本部長だった有沢三治さんが一生懸命やってくださいました。

有明テニスの森の広場にお店を出そうと言って、協会スタッフが交渉に行ったら、「今までそんなことをしたことがないから、そんなものは売れっこない。だから、補償金を寄こせ」と、お店の関係者の皆さんから言われました。

「分かりました。もし売れなかったら補償金を出します。とにかくやってみてください」と交渉し、いざやってみたら、大会開幕から3日間ぐらいで事前に用意したものは売り切れたのです。

これはやれるということで、毎年少しずつ出店が増えていき、賑やかになりました。だんだん観客数は増えていって、1週間の観客動員が約8万人になった大会（2014年）もありました。今は前売り券が完売になりますが、2000年頃に閑古鳥が鳴いていた状況を踏まえると、この盛況ぶりは夢みたいなものです。

私はジャパンオープンに行って席に座ると、試合を見るより、「今日何人観客が入っているかな」といつも気にしているんですよ。

渡邊康二氏が語る盛田会長との12年間

盛田さんについて一番感心したのは、国際感覚です。盛田さんとはグランドスラムによくご一緒しました。いつも、「ATPやWTA（Women's Tennis Association＝女子テニス協会）のマーキー（テント）にちょっと行ってみましょう」と言って積極的に出かけます。私もついて行くことがありました。そこで、盛田さんは、ATP、WTAの各会長と親しくしゃべるのです。逆に彼らが来日すると、プライベートで接待していました。これまでの歴代会長で、こんな国際感覚を持っている方はいなかったと思います。

盛田さんが戦う姿勢を見せたこともあります。２００２年女子国別対抗戦フェドカップ（現在のビリー・ジーン・キングカップ）のワールドグループⅠ・プレーオフで、当時兼城悦子監督率いる日本代表チームは、コロンビアとアウェーで戦うことになりました。

盛田さんが、ソニーのコロンビア駐在の人に状況を聞いたら、「防弾ガラスの車を用意します」と言われたそうです。当時のコロンビアの危険な情勢を踏まえて日本女子選手を行かせられないと判断した盛田さんは、「行くな」と遠征を止め、フェドカップを主催しているＩＴＦに「全部経費を持つから、日本開催にしてほしい」と要請したのです。結局、返事はＮＯで、さらにＩＴＦから罰金７００万円を言い渡されました。盛田さんは払うと返事して、日本代表チームは棄権負けとなりました。大切なのは、勝負より人の命です。盛田さんは、ＩＴＦとけんかしてでも、選手を守るという信念を貫き通したのです。

ソニーは新しい会社で、何と発想に富んでいて、頭のやわらかい会社なんだろうと思いました。私がいた住友の哲学とはまったく違いました。住友では、必要な人の許可を得て、全部報告をして上に上げていかないと物事が進まない世界で、組織はそういうものだと思っていました。

例えば、スピーチ。住友だったら、トップは部下が書いた原稿を読み上げるだけ。盛田さんは、全部自分で原稿を書かれました。これでいいかなという感じで、出来上がった原稿を私に見せにきたものでした。それと必ず英語が半分入っているのです。

来日した海外選手たちに向けては、最初に英語でスピーチして、「ここからは日本語で。来ている外国の方には分かりませんから、勝手なことを言いますけれども」と言うんです。それを、私はものすごく気に入りまして、私もまねさせてもらいました。日本語で型通りのあいさつをやったって、選手は誰も聞いていません。通訳を介したら、その時にはみんな食事を食べ始めていますよ。

協会の運営も分かりやすいと感じました。月に1回の常務理事会での会議ですが、盛田さんが会長の時は制限なしで、10時から始めて16時や17時までやることがしょっちゅうでした。とことん議論を尽くすというスタイルでした。

それでいてみんなおだやかな口調で、けんか腰の話は出てこない。そんな中で、こうしたらどうでしょうと提案が出てくるので、常務理事会では常に良い議論ができました。議論を尽くしたというのが、盛田会長と私の自慢のタネですね。

専務理事として、2000年（平成12年）から2011年（平成23年）5月まで、盛田会長と一緒に約12年間JTAの活動をしました。会社生活を40年ぐらいやっていましたけれど、盛田さんとの約12年は、100倍ぐらいの充実感がありました。

こんな上司見たことないという感じで、この人には絶対ついて行こうと思います。盛田さんとは何でも話しやすくて、「どうします」と聞くと、「お〜、やれやれ」とほとんど肯定してもらい、応援してもらいました。

大坂なおみと西岡良仁の活躍

2018年には、日本テニス界にとって、嬉しい出来事が次々と起こりました。

まず、大坂なおみ選手が、2018年9月8日（日本時間9月9日）に、USオープンの女子シングルスで、日本人初のグランドスラムチャンピオンになりました。嬉しいですし、素晴らしいです。

この時、私の考えた「盛田正明テニス・ファンド」設立の理念を、大坂選手が体現してくれたように感じました。なぜなら彼女は、日本でテニスのトレーニングをしていないからです。

大坂選手は、大阪で生まれ、3歳の時に家族みんなでアメリカへ移住しました。だから、彼女は外国を何とも思わない。世界中どこへ行っても自分の力が出せる。それは、私が考えてファンドでやったことと同じようなことです。大坂選手は日本人ですが、残念だけれども、テニスに関してはメイドインジャパンじゃないと思います。

世の中には、大坂選手のお父さんと同じように、自分の子どもにテニスの才能があると、これにかけるというお父さんが結構います。盛田ファンドを訪ねてくるお父さんもそんな感じですし、いろいろ話も聞きます。けれども、ほとんどは、なかなかお父さんが思うようには実現できません。

でも、大坂選手のお父さんはちゃんと実現された。しかも、テニス経験者ではなかったし、名選手でもなかった。彼がテニスのことをどのぐらいご存じかは知りませんが、かえってそれが良くて、自分の子どもをスクスクと育て、大坂選手をあそこまで導けたのではないでしょうか。

私は、マリア・シャラポワさんのお父さんもよく知っていました。マリアが13～14

歳の頃、彼女のお父さんと話したのですが、マリアが朝起きて来た時の顔色を見て、彼女の状態を確認して、その日のトレーニングを決めていると言うのです。それは、親にしかできない話です。私はなるほどと思いました。

やはり親が育てる良さというのは、子どもに対して、鍛えるべき時は鍛える、そうでない時はちょっと緩める、というように、親だからこそ細かいところまで指導できる部分です。

きっと大坂選手にとってもそういう点が良かったのではないでしょうか。そして、ある程度のレベルまで行ったところで、有能なコーチについてもらって教えてもらう。大坂選手は、成長過程で非常にいいルートを通れたのではないでしょうか。

大坂選手がテニスコートに入ってくる姿を見て、「あ、圭と同じだ」と私は思いました。周りの観客や対戦相手がどうであろうが、見向きもしません。自分が勝つことしか考えていない。どこで身に付けたのか分かりませんが、あの勝負に対する集中力は大したものです。

大坂選手の才能は素晴らしく、グランドスラムで4回優勝し、世界ナンバーワンにもなりましたが、今後彼女がどれだけやれるのか、まだまだ彼女の力が試されるところだと思います。これからどういうふうに活躍していくか、楽しみですし、ものすごく興味があります。

最近では、妊娠と出産を経験してツアーに戻って来る選手もいるので、大坂選手にもカムバックしてほしいですね。

次に西岡良仁が、２０１８年9月に、ＡＴＰ深セン大会（中国）でツアー初優勝を飾りました。

西岡は身長１７０センチ。男子プロテニスツアーでは、１８０センチや１９０センチの海外の選手が多いので、小柄になります。それでも、素早いフットワークでボールを拾いまくって、ラリーを組み立てながら活路を見い出せる優れた戦術家です。左利きである利点を活かして、得意のバックハンドストロークでポイントにつなげていきます。

ジュニア時代には、２０１２年ＵＳオープンジュニアの部で単複でベスト4に入りました。２０１４年1月にプロへ転向し、同年9月に韓国・仁川で開催されたアジア競技大会ではシングルスで金メダルを獲得するなど、若い頃から大きな舞台で結果を残してきました。

２０１７年3月にマイアミオープンで左ひざ前十字じん帯の部分断裂という手術を

必要とするけががあったものの、見事に復活して嬉しい初タイトルをつかみ取りました。

西岡は、盛田ファンドの卒業生なのですが、本当に努力家です。一生懸命考えて、本当に知恵を絞ります。そして、気持ちが非常に強いです。気持ちが強い上に、考えたことをきちっと自分で一つ一つやっていくタイプです。

左ひざのけがをした時には、どの先生がいいか調べて治してもらい、リハビリをきちっと頑張ってやりました。

けがが治った時には、2018年中に世界の100位以内に入りたいと言っていたのですが、本当に実現しました。祝勝会をやって、西岡の目標達成に乾杯しました。

西岡と、身長193センチのニック・キリオス（オーストラリア）選手との試合を見ると、大人と子どもがやっているような身長差がありますし、ボールのスピードに違いもあります。それでも、試合では競ることができる。西岡は、本当に異才だと思います。素晴らしいですよ。

実は、西岡は、盛田ファンドの選考会に2回落ちたのです。それでも、やると思ったら本当に食らいついてくる子でした。10代の少年がそこまで食い下がってくる姿勢は頼もしかったです。こちらから、「来年も受けてみたら」と勧めることはありまが、西岡は自分から3回チャレンジしました。面白い人材です。盛田ファンドを卒業した西岡が、錦織圭に続いてくれて嬉しいです。

世代的には、錦織の次の年代として、西岡が引っ張っていってほしい。圭と同じような選手が、もう一人出てきたって面白くないから、いろいろなタイプがいたほうがいいです。

日本でテニスが好きな子どもたちに、〝富士山の頂上に登るのは一本道じゃなくて、いろいろな道があるよ〟というようなことを知ってもらうために、西岡みたいな変わった子が出てきて、ワールドツアーでの活躍を示せるのはすごくいいと思います。圭はどちらかと言うと天才的なところがありますから、むしろ圭より西岡のほうが、多くの子どもたちにとっては、身近に思える存在になるかもしれないです。

西岡は、2022年10月にATPソウル大会（韓国）で、ツアー2勝目を挙げました。日本男子選手で、ツアーの複数タイトルを獲得するのは、12回優勝の錦織以来、史上二人目の快挙です。私は、まだまだ実力を上げられるだろうし、次はトップ20へ十分に入れると思っています。

第7章

妻とバレエ、そして兄

バレエダンサーはアスリート

私は、テニスだけでなく、クラシックバレエにも関わりを持っていて、一般財団法人牧阿佐美バレヱ団の理事長を務めていました。当時、芸術とスポーツの両方をやっていると言うと、「盛田さん、バレエもやっているんですか」と皆さんは珍しがってくれました。

牧阿佐美さん（1934〜2021年）は、日本バレエの礎を作った橘秋子さん（1907〜1971年）の娘さんです。阿佐美さんは、1954年からアメリカへ1年間バレエの勉強をしに行き、帰国後もバレエを続けていました。

牧阿佐美バレヱ団は、橘秋子さんが1933年に設立された橘バレヱ研究所、橘秋子バレヱ団を母体として、1956年に創設されました。牧阿佐美バレヱ団を作ってくださったお母様が1971年に亡くなられると、阿佐美さんは、まだ30代でしたが現役を引退、若い人たちの育成に専心し努力をされたのです。

通常、バレエ団では、看板名となる先生が踊っていることが多く、周りの踊り子がなかなか育ってこないものです。一方、牧先生は、牧阿佐美バレヱ団で若いバレエダンサーをどんどん養成したので、舞台の後ろのほうで踊っている人たちのレベルも非常に高く、皆さんからの評価がとても良いのです。

牧先生は、「盛田正明テニス・ファンド」のように、若い人を徹底教育したいというので、２０１２年に牧阿佐美バレヱ塾を作られました。

それで私が、テニスでジュニア選手たちのサポートしているのを知って、牧さんから手伝ってほしいと言われ、私は、「ジュニアの養成だったら、喜んでやりますよ」と快諾して、牧阿佐美バレヱ塾の会長になったのです。そこは、15歳（中学校卒業）から20歳までの若いバレエダンサーを鍛えていて、彼女たちが上達するとバレヱ団に上がっていくのです。

お手伝いしていたらだんだんはまり込んで、とうとう創立60周年を迎えた２０１６年から牧阿佐美バレヱ団の理事長になりました。

アメリカにいる時、ニューヨークのブロードウェイへ行って、しょっちゅうミュージカルを見ていました。それからオペラも行きました。貴重な経験でした。

もともと私は、バレエにまったく興味がなかったのですが、妻がとても興味を持っていました。

私がソニー・アメリカの会長だった時（1987〜1992年）、ニューヨークシティオペラのボード（委員）を務めたことは前に書きました。オペラについて全然知らなかったのですが、要はソニーと名前がつくと、お金が集まるだろうという狙いがあって、お声がかかったようです。やはりあの頃、ソニーは、アメリカ人から見たらトップの企業でしたから。私は、お客さんを接待したり、お金を集めたりしていました。

ニューヨークのリンカーンセンターの敷地内には、メトロポリタン・オペラの本拠地であるメトロポリタン・オペラ・ハウスと、ニューヨーク・シティ・バレエ団の本拠地、ニューヨーク・フィルハーモニックの本拠地の3つの建物があります。

オペラとバレエの劇場が同じ所にあるから、バレエも見る機会が多くありました。もし私がバレエ団のボードもやれば、タダでチケットが手に入るかもしれないから、妻が「やれやれ！」とけしかけてきたりすることもありました。

私が帰国した時、ソニーに昔いた人が牧先生のお手伝いをしていて、「ちょっと見に来ませんか」と声をかけられて、妻と一緒に見に行きました。そこで牧先生と初めて出会いました。そしてバレエの魅力にだんだんと引き込まれていきました。

バレエは熱心なお客さんのために見せる練習会があるのですが、これを見たらバレエダンサーはすごいアスリートだと感じます。きれいに踊っているところにばかり目が行きますが、実際にはバレエダンサーの練習は激しく、体力をかなり使います。

牧阿佐美先生と

バレエの回転技で一番回るのは32回転。しかも続けてやるので、よく目が回らないなと思います。見せ場というのはだいたい演目の最後にありますから、体力がなかったら絶対にできません。

バレエ団には60人ぐらいの

バレエダンサーがいますが、皆スリムなのに本当によく食べます。踊るとものすごくエネルギーを消費するので、たくさん食べないと体力がもたないのです。「だいたい何日間踊っているの？」と聞いたら、「お正月の3日間休みで、362日踊っています」という答えが返って来ました。本当にスポーツと一緒で、私は非常に興味を抱きながらバレエ団の活動を手伝っていました。

残念ながら牧先生は、2021年10月に87歳でお亡くなりになりましたが、天国へ旅立たれる直前に、文化勲章の叙勲内定の知らせを受け取っていたようです。これからもバレエ団のみんなを見守ってほしいです。

共に歩んでくれた彌子《ながこ》に感謝

妻の彌子《ながこ》とは、見合い結婚でした。

私が東北大学にいた時、勉強だけでなく、夜な夜な飲みに連れて行ってくださったある先生が、私のことをお父様に話をしたのでしょう。それで先生のお父様が、いい人がいるからと言って、私の親に話がもちかけられました。それで会ってみたらどうだとなって、私が、仙台から東京へ彼女に会いに行ったのが最初でした。

私の兄弟は結婚が遅く、皆30代になってから。私は34歳の時の結婚でした。仙台にいて、仕事ばかりしていたものだから、あまりそういう気はなかったのですが、「そろそろどうか」というタイミングではありました。恋愛結婚ではないから、極めて冷静でした。付き合っているうちに、「あぁ、この人でいい」と。


彌子の父は岩手県の花巻出身で、母親は京都出身。彌子は、東京生まれの東京育ちでした。慶應義塾大学の国文科を卒業して、NHKにしばらく勤めていました。

私が仙台の工場勤務の時に東京で結婚式をして、当然仙台に戻ると言ったら、妻は仙台で暮らすことをえらく嫌がりました。彼女は、東京でしか生活したことがなく、東北を全然知らないので、怖い所のように思っていたのです。いわれのない偏見ですが、もちろん妻を仙台へ連れて行って一緒に住みました。

男の子二人と一番下の女の子の子ども3人は、全員仙台で生まれました。長男が幼稚園から小学校へ入った時に、仙台から東京に戻ることになりました。そうしたら逆に、妻は仙台をすっかり好きになっていて、東京へ戻れるのにいい顔をしなくなりました。仙台は大きな街で、デパートも東京と同じように揃っています。ちょっと郊外に行けば、山や海があって極めて快適な所です。あれだけ仙台へ行くのを嫌っていたのに、今度は東京へ戻ると言ったら、「あんな空気の悪い所へ行ったら、子どもが死んじゃう」と言うのです。あの頃、東京では公害の問題がありましたし、ドブ川は汚いですし、空気もあまり良くなかったですからね。子どもの教育環境を考えてのことだったと思います。

妻は完全主義者で、何でもきちんとやるほうでした。家にお客さんを呼ぶと、ごちそうを完璧に作ろうと燃えていました。しかし、お客さんが待てど暮らせど、ごちそうが出てこない。もうちょっと早く出してよという感じになった頃に、ものすごくおいしい料理がたくさん出てきました。

妻は酒を飲まないので、仙台には呑ん兵衛が多く、呑ん兵衛はあまり食べないで飲むということを初めの頃は理解していませんでした。そのうちに、ごちそうは最後折詰にして渡すようにしたら、皆さんえらく喜んでくれました。

アメリカにいた時のホームパーティーでもきちんと対応してくれましたので、アメリカ人も、私の家に来るのをとても喜んでくれました。

私が、戦時中に戦闘機のパイロット訓練をしていたことは前述しましたが、私がパイロットだとしたら、彼女は航空母艦の艦長のような人で、私が仕事に行く時は、いつも良いコンディションに整えて送り出してくれました。分担主義というか、お互いの分担が分かっていましたから、「きみの母艦の操縦は良くない」と私は言わない代わりに、「あなたの飛び方は良くない」なんて言ってくれるなという感じでした。本当に子どもたちの面倒もよく見てくれました。

ソニー時代も盛田ファンド時代も、妻は、あまり私のやることに反対したことはありませんでした。ただ、海外へ一緒に行く時でも完璧主義が顔を出して荷物をきちんと作るものだから、出発時間が来てもまだやっていて、時間通りに家を出るのに苦労しました。

必ずグランドスラムの大会にも、妻と一緒に行きました。夫婦で行くと、向こうの印象が違うのです。日本協会の会長として、タキシードを着て行くような夜のパーティーが大会期間中に二つくらいはありました。私たちは必ず出ましたから、それでだんだん各国にも顔がつながってきました。アメリカでは、ビジネスでもいろいろなパーティーがありましたが、パートナーを連れて行かないと、肩身が狭いものなのです。彌子は好きで行っていたのか、嫌々行っていたのか、そこまでは知りません。

２０１０年に旅立ちましたが、本当によく頑張ってくれました。

励みになった長兄・昭夫の存在

私の長兄である昭夫は、ビジネスにおいて、新しいことへ突っ込んでいくことに、何の抵抗もなかったように思います。ソニー・アメリカも一人で行って立ち上げました。それまでにソニーがない所へ行って、開拓することに生きがいを感じていた人で、挑戦が好きでした。

やはり井深さん一人では、ソニーは成長できなかったです。イノベーション（井深大氏）とマーケティング（盛田昭夫氏）を連動させるのがソニーの形ともいわれ、本当にうまくやったと思います。

井深さんと昭夫は、ものすごく性格は違っているのに、二人のいいところが組み合わさり、いいとこ取りをして、それぞれが優れたリーダーシップを発揮しました。非常にうまくコンビを組んでやれたのが、ソニーの成功の理由の一つだったと思います。

私は、技術屋でしたから、井深さんと相談することのほうが多く、昭夫に相談することはないわけではないですけど、あんまりなかったです。

1987年のソニーの経営陣（後列左が筆者）。井深さん（前列中央）と兄・昭夫（前列左）のリーダーシップから学ぶことが多かった

井深さんと昭夫の優れたリーダーシップを間近で目撃できたことは、本当に貴重な経験になりましたし、私の核になるような大切な力になっていきました。

家族としては、優しいところはありましたが、やっぱり長男ですから、盛田家を継いでいかないといけないという責任感がありました。だから、家族の中では、俺の言うことは聞けという面はありました。私と昭夫は、年齢が6歳離れていましたから、けんかにならない。4歳上の2番目の兄貴と私は時々けんかしましたが。

そして、私にとって昭夫の存在は、励みになりましたね。兄弟だから、やっぱり目標として、負けずに頑張ろうという思いもありました。そういう意味では非常にプラスになりましたし、今でも感謝しています。

エピローグ

リタイアしてからも、もうひと仕事できるはず

2016年10月のジャパンオープンの会場で行われた、国際テニス殿堂と国際テニス連盟（ITF）の功労賞（Golden Achievement Award、2017年度）の授賞式で、私は錦織圭から花束をもらいお祝いの言葉を受けて、皆さんの前でスピーチしました。

「こういう素晴らしい賞をいただくことができて、大変幸せでございます。私（当時89歳）も、少々年を取ってまいりましたけれども、まだまだ頑張るつもりでおりますので、これから皆様と一緒に、日本のテニスをもっと楽しく、もっと強くしていきたいと思います。その代表が、錦織圭選手であります。これから錦織圭選手に続く、二人目、3人目の選手を皆さんの力で、一緒に輩出をして、日本のテニスをもっと素晴らしいテニスにしていきたい」

お礼のあいさつというよりは、これからの決意を語るようなスピーチになりました。

受賞することは、ITFのデビッド・ハガティ会長の秘書からメールが来て知りました。

「ＩＴＦと国際テニス殿堂の両方のコミッティ（委員会）が、アドミニストレーション（運営）とエデュケーション（教育）とプロモーションにおいて、世界で一番功績があった人を、その年に一人だけ表彰することになっている。今回はあなたを表彰することにした」

そう書いてあって、「ええ、何で私が!?」という感じでした。

私の推定ですが、ＩＴＦのフランチェスコ・リッチ・ビッティ前会長は、よく日本を訪れていて、日本びいきでした。私も彼をよく知っていました。おそらく彼が、日本テニス協会が良くなってきたことや錦織圭育成のことなどを見ていてくれて、私の名前を推薦してくれたのだろうと思います。

もう一つは、「あぁ、あの盛田か」となったのは、私が妻といろいろなパーティーに出ていたから、それで皆さんの印象に多少残るような効果があって、「盛田ならいいんじゃないか」ということになったのではないでしょうか。あくまで私の推定ですが。

それにしても、われながら本当にびっくりしました。

ただ、私なんかがと、ちょっと申し訳ない感じもありました。この賞は、若い頃からずっとテニスでいろんなことをやられていて、それこそグランドスラムでいろいろ活躍した方とか、テニスの名選手だとか、世界的にも有名な方が受賞されてきたのです。

私が現役（ソニー時代）の時には、テニスは遊びというか自分の楽しみだけで、何の貢献もしていないのです。ソニーを引退した70歳以降に始めたことが評価されて、受賞させていただけたのです。妻も、受賞を天国で喜んでくれていると思います。

改めて、リタイアした70歳以降に取り組んだ「盛田正明テニス・ファンド」の功績が世界から認められたことは、本当に誇らしいし、ありがたいです。

私自身も、この受賞を励みにして、まだまだやっていきたい。周りは、もういい加減にやめてと思っているかもしれませんが。

私のようにリタイアした方には、「リタイアしたら終わりではなくて、それからもうひと仕事できますよ」ということを重ねて言いたいのです。

私の場合は70歳で起業したようなものなので、退職どころか創業者としての新たなスタートを切れたわけです。定年退職とは、自分のやりたいことを何でもできる実に面白いチャンスでもあるのです。

今になって思えば、ソニーの時代の私は、蓄積の時代であって、定年退職した後に、そのノウハウを自分自身がいいように使ってきたのです。それにより、「盛田正明テニス・ファンド」を作ったり、日本テニス協会の会長をやったり、いろいろ面白いことができたのです。現役の時に蓄えたノウハウを使っただけの話なのです。

最近では、人生100年時代という言葉があり、私がロールモデル（お手本）なんて言うのはおこがましいですが、皆さんを勇気づけるのに、多少は役に立つのかなと思っています。

思えば、私が、コンダクターに徹することに気づけたのはラッキーなことでした。コンダクターに徹して人を活かすことに関して、私は長けていたのではないかと思います。

ソニーで一緒に働いたさまざまな技術者仲間、ソニー・アメリカでの現地の人々、ソニー生命での新しい挑戦を助けてくれた人々、日本テニス協会で私の会長としての活動を支えてくれた人々、「盛田正明テニス・ファンド」の立ち上げをサポートしてくれた人々、そして、今でも私と一緒に盛田ファンドの運営を手伝ってくれる人々、本当にさまざまな人々と出会って、さまざまな人の力を活かすことができたのはとても幸運なことでした。

私が、人の力を活かしながら、ソニー時代も、ソニー退職後も、リーダーシップを執ることができ、70歳から自分にしかできないことを実現させ、今も自分の好きなテニスに携わって活動できていることに感謝せずにはいられません。

もしあの時東北大学でテニスと出合っていなければ、盛田ファンドへのつながりも、功労賞の受賞もなかったかもしれないことを思うと、何だか不思議な運命のようにも感じます。

今も、盛田ファンドの子どもたちに毎日新しい事件が起こるから面白いのです。だから1年は決して短くない。何にもしないで縁側に座って、植木をやったり、猫の頭をなでて過ごしたりするより、はるかに1日が長く感じるような充実した時間を私は過ごせています。

物理的な時間ではなくて、自分の中の脳の時間をいかに長くするっていうのが、人間として大事だなと感じます。それには、新しいことをやって、脳を刺激してあげることです。子どもたちや若い選手たちを相手にしている仕事だから、私の脳を若く保つためには、非常に具合がいいです。

あまり自分のことを考える暇はなくて、今も実は、盛田ファンドの子どもたちの試合結果が気になっています。若い選手のことをばかり気にしているというのは、どんな薬を飲むよりも、私の体や脳の健康を維持するには効果的です。私の行動力がすごいと言われることもあるけれど、私は、ただただ好きなことを、続けてやっているだけなのですから。

空へのあこがれは今でも

私の子どもの頃は、本当に戦争ばかりの時代でした。戦争で死ぬものだと思っていましたが、生き残りました。激動の時代を生きてきましたから、世の中でいろいろな問題が起きるのは当たり前だという気がしていました。

幸いなことに日本では平和な時代が続いていましたが、２０２０年に、新型コロナウイルスのパンデミックが起こり、世界は激変しました。多くの人が、まさかこんなことになるなんてと思ったものでした。

あんまり大きな声では言えませんけど、平和で何もすることがないより、何かに立ち向かうことは、人間としてやりがいがあるようにも感じるのです。

これはあくまで私の価値観ですが、平時よりも、何か問題が起こって、それを乗り越えてやろうと気持ちが湧き起こる時のほうが、人は成長できるのではないでしょうか。私は子どもの時から困難に立ち向かうことが身に染みており、そういう世界で生きているからこそ自分の価値を見出せるのだと、そういうふうに私は育っちゃったようです。

2023年に私は96歳になりました。

ありがたいことに、周りの方に恵まれていますので、やりたいことをやれています。あまり小さいことにこだわらないし、あまり悩まないことを心がけています。

私は家の中で勉強するよりも、外で木登りしたり、裸足で庭を走ったりすることが大好きな子どもでしたが、今でも家でじっとしているより外へ出ることが好きですね。とにかく陽に当たることが大好きです。元気の素はテニス大会で、ジュニアの試合を見ていると、こっちがエネルギーをもらいます。

そして、今でも空へのあこがれを強く抱いています。子どもの頃から、空を飛びたくて飛びたくて、一番なりたかったのは鳥でした。

中学3年生ぐらいの時に、名古屋でグライダーを自分で操縦したことがあり、それが私の最初の飛行経験でした。カタパルトからワイヤーで引っ張って、そこから放た

初めて空を飛んだグライダーの模型を手に

れて50メートルぐらいの高度を飛びました。空から周囲を眺めるほど面白いことはありません。ビルの高い所は怖いと感じることはありますけど、飛行機だったら平気ですね。空を飛んでいると面白い。今でも飛べるなら、飛びたいです。

スペシャル対談

盛田正明 × 錦織圭（プロテニスプレーヤー）

世界で戦う、未来を創る

モデレーター・神　仁司

※対談は、2017年11月に実施

90歳の盛田正明と27歳の錦織圭――。まったく世代の異なる二人だが、実は共通点がある。一つは共に世界へ進出して戦い、結果を残したことだ。盛田はソニーの副社長などの要職を務めながら、常に世界のビジネスの最前戦で戦った。一方、錦織は世界のトッププレーヤーとして世界を転戦し、今も世界の頂点を目指しプレーしている。

もう一つの共通点は、二人とも未来を見据え、新しい時代を創ろうとしていることだ。

盛田は退職後、「盛田正明テニス・ファンド」を立ち上げて、子どもたちがプロテニスプレーヤーになるための夢の実現をサポートしている。卒業生の一人である錦織は、日本男子前人未到の結果を残しながら、新しい時代を切り開き、子どもたちの未来に夢を与えている。

■「圭を天まで届けとばかり打ち上げた」(盛田)■

神仁司(以下神) 錦織選手が、「盛田正明テニス・ファンド」を卒業して、2007年

10月にプロへ転向してから10年が経過しました。その間世界のトッププロとして活躍し続けてきましたが、盛田さんはその活躍をどう見ていましたか。

盛田　まだこれからが大事だと、私は思っているんですけどね。

錦織　そうですね、もちろん。

盛田　私の任務は、素晴らしいジュニアを日本中から選んできて、将来世界に行けるプロになれるよう、ジュニアの間だけ育てる。まぁ、ロケットの発射台みたいなものですからね。だから、ロケットの発射台として最善の努力はしますけど、卒業したらもう圭の力ですよ。

だから、天まで届けとばかりに、私は打ち上げたつもりなんだけど、まさにそのとおりにやってくれたから。やはりやれたじゃない、というのが、正直な気持ちですよね。本当にそれができたのは、やはり圭が、人には言えないものすごい努力を、ジュニアの時も卒業してからもやったと思います。

圭は100年にいっぺんの天才だと言うような人もいるけど、私はそうは思っていないんですよ。もしそうだったら、あと100年、私は何もすることがないんだから(笑)。私は、圭ぐらいのすごい才能の人は、過去にもいたし、これからも出てくると思う。ただ、その才能を本当に活かせたかどうか、それが問題だと私は思います。圭自身のものすごい努力と、周りの人の非常に良いサポートがあってこそ、今がある。圭が見事にやってくれたのです。

錦織　(10年は) 早いような長いような気がしますけど、本当に一言で言えば、会長のサポートなしでは、盛田ファンドなしでは、ほぼ今の自分はいないので。日本で成功できたかと言われると、やはり100パーセント自信は持てない。特に、島根で、田舎で、なかなか練習相手も環境もない中、会長のサポートでアメリカへ、万全の施設がある所に連れて行ってもらった。そのサポートがなければ、確実に今の自分はいないので、やはり感謝しかないですね。プロになって10年経ちますけど、やはりいつも思い出しますね。最初のスタートは、アメリカに来られたことだ、と。本当に感謝しています。

盛田　圭は小っちゃい頃からウィンブルドンで優勝するって (目標を) 書いていて、みんな感心した。けどね、うち (盛田ファンド) に来る子は、ほとんどそう書いているんですよ。違うところは、だいたいの子はそう言ってアメリカへ行く、世界のジュニアの大会に出る、ものすごく強いのが世界にいることが分かると、だんだん自分の努力というのはなかなか報いられないなと思い始めるんです。

圭はどんな困難があっても、頑張っておそらくやれるんだ、と。今もまだそういうつもりでいるんじゃないかな。私はその頑張りがすごかったと思う。一体何がつらかったのか、きっと泣きたいぐらいのことも、きっとあったんじゃないかという気がするんだけども。それをいっぺん、本人に聞いてみたいなとかねがね思っていた。

錦織　結構言っていますけど、最初の1、2年は本当に楽しみで、アメリカに行くのが。最初のほうは本当にホームシックがなくて、ずっとテニスができているのが、楽しいなという気持ちしかなかったです。もちろん、カルチャーや文化が違ったり、英語がしゃべれなかったり、つらいこともありましたけど、やはり一番にテニスができるということがあったので。最初あんまり苦しくなかったんですよ。

3年目、4年目にして、やっと周りが見え始めるようになって、自分もちょっと大人になってくる段階で、やっとホームシックがきて。最初は、特にフミ（喜多文明）、（富田）玄輝がいたので、寂しいところはなかったんです。けど、（二人が帰国し）いなくなって、ふとわれに返った時に、自分はこんなアメリカにまで来て何してるんだろう、と思ったことはありましたね。その時期は結構つらかったのは、覚えてますね。

それでもやはりたぶん、（自分の）芯に12歳の頃から、全小（全国小学生テニス選手権）とか、全国ジュニア大会3冠（2001年に錦織は、全小、全国選抜ジュニア、12歳以下全日本ジュニアの3冠）を達成して、プロになるんだという絶対のものがあったので。だから、練習をさぼろうとか、疲れたからやめようとかっていうのは、ほぼなかったと思いますね。たまにはもしかしたら、あったかもしれないけど。

盛田　ジュニアの試合でもね、出てったらすごいやつにボコッと負けたりするわけだ。世界にこんな強いやつがいるんだ、と。そんな時に、どういうふうに思ったの？

錦織　でも最初は結構、あきらめてたところもありましたね。世界に行って、いろんな体格の選手とやって、見た目で勝てないと思ってしまったり。

盛田　身長もジュニアなのに、190センチ近いのがいるからね。

錦織　そうですね。（自分が）14、15歳の時に、17、18歳の選手とやってたりしたので。でも、やはりたぶん負けず嫌いというところ、やはりどうしても勝ちたいという気持ちはあったから（あきらめなかった）、だと思いますね。プラス（松岡）修造さんのサポートもあったので、何かこうやはり唯一世界に出ていろんなことを経験した人が、いろいろ教えてくれたので。そういうサポートもありながら、メンタルは強くなったと思います。

盛田　確か15歳の夏にね、（ゲイブリエル・）ハラミロ（コーチ）さんから、圭はすごいから、あの才能を伸ばしたいから、プライベートコーチをつけたいからどうだって電話かかってきたの。やはりプライベートコーチをつけるにはお金がかかるもんだから、ハラミロさんは私にＯＫを求めてきたわけ。もちろん私は、それは素晴らしいからぜひ（コーチを）つけてと言った。（最初のコーチは）確かシーザー。あの時に私、「オッ、これはいいかな」と思ったんです。それから私が感心したのは、シーザーでずっとやるかと思ったら、しばらくしたらロドリゴだったっけ。

錦織　アリールとかもありました。

盛田　それでプロになってから、誰になったんだ。

錦織　グレン・ワイナー。

盛田　グレンになって、（２０１１年からブラッド・）ギルバートとダンテ（・ボッティーニ）になった。みんな世の中の人、（２０１４年からの）マイケル・チャンで、すごくなったというけども、確かにすごいことやってくれたけども、チャンは7人目だよ。だからその間に、ちゃんとそこからすごいものを取り入れて、それでステップアップしていったんじゃないかなと思っているんだけど、圭自身はコーチを変えるということをどう思ったの。いいコーチもいれば、具合の悪いコーチもいたと思うんだよね。

錦織　確かにそうですね。合わないコーチというか、たぶん変えたほうがいいのかな、というタイミングは、やはりちょっと自分の中で物足りなく感じた時です。ちょっとイマイチいいアドバイスを得られていないとか、自分が何かこう、やる気が出てこなかったり、たぶんそういうところから、いい刺激がもらえてない部分を少しずつ感じる時です。たぶんいろんなものを十分吸収して、お腹いっぱいになってしまった感じですかね。

盛田　これね、これからの子どもたちの非常に大事なところで、普通は素晴らしい選手だとコーチがパッとつかんじゃって、離さないんだよね。そのコーチでずっとそのままいっちゃう人が実に多い。それを圭は、時々変えていった。その新しいコーチから新しいものを取り入れて、ステップアップしていったのではないかなと私は思っている。ずっと一人のコーチでいったほうがいいと思ったか、ああやって変えたことが、自分の進歩に役に立ったのかな。

錦織　僕の経験だけですけど、正直、変えて良かったなと思ってますね。今も正直言うと、いろんなコーチを経験して、いろんなエキスをもらったほうが、いいんじゃないかというのは片隅で思っているところがある。いろんな刺激を、いろんな方向からもらったほうが、自分のテニスの可能性が増えたり、今までにないことも、できるようになったりするんじゃないか、と思っています。

でも、今はダンテ（２０１１～２０１９年）とマイケル（２０１４年～）と長くやってきてますけど、それでも毎年新しくいいものを得られているなという実感があるので。だからあんまり変えたいとは思ってなくて。

盛田　私は、やはり第二の圭、第三の圭を育てたいから、その時にどうやったら、彼らの才能が、ぐんぐん伸びていくか（考えている）。まぁ、いくらコーチ変えたって、そこからいいものを取り入れる才能がなかったら、ダメなんだけどね。そういう才能があったとしたら、ちょうどわれわれが、中学に行ったら中学のいい先生につきたい、高等学校に行ったら高等学校のいい先生につきたい、大学に行ったら大学のいい先生につきたいと思うのと同じように、中学の先生がいいからと言って、こっちが大学生になるのにまだ中学の先生がついてくれちゃ困るわけ。

だから、私はやはり、変えていったほうがいいんではないかなと思っているんだけどね。もし、圭がジュニアたちにリコメンドするんだったら、やはりある程度コーチを変えながらいったほうがいいよと、薦めるかな。

錦織　僕もどっちかというと、そっち（盛田さんと同じ）の意見ですね。100パーセントは分からないですけど。コーチと選手の関係って、お互いいろんなことを知って、とても難しいナイーブなところもあると思う。やはり四六時中生活するので、一緒にずっと長年ついていたほうがいい部分もあると思う。でも、僕は会長の言ったとおり、中学生のレベルでは中学生のコーチがいると思うし、上がってきたらまた違うコーチがいると思います。

「シンプルにテニスが好きという思い」（錦織）

神　錦織選手が、ジュニア時代からグランドスラムに勝ちたいという目標を、変わらずプロになってもずっと持ち続けられている秘訣というのは何ですか。盛田さんがおっしゃったように、変わってしまう現実が多い中で、錦織選手が持ち続けていることを盛田さんは感心していました。

錦織　何ですかね、自分のことだから、自分の考えしか分からないので。ただ本当にシンプルに、ただその夢があるから。

別にあきらめるタイミング、ちょっと自分でも分からないので。

盛田 今の子どもたちでも、英語がほとんどできないのに、みんなアメリカに行きたいと言うわけ。一人として日本に帰りたいという子、いないんですよ。でね、アメリカに行ったって、大して英語ができないのに、生活どうしてるんだろう、と（笑）。やはりテニスが朝から晩までできる、テニス漬けになるというのは、テニスの好きな子にとっては、（何にも）代え難いのではないかという気がするんです。

錦織 だと思います、僕もそうだと思って。

盛田 ただやはり、時々どっかでドーンと壁にぶつかると思うんだよね。だからそれをどうやって乗り越えるか。（圭は）その努力がすごかったと思うな、たぶん。

錦織 別に自分のことは、努力してると思ってないから。

盛田 それがいいところなんだよ、それが。

錦織 ちょっと分からないです。

盛田 （笑いながら）それがキーポイントですよ。

錦織 でも、人生で一番大変だったのは、ランキングがなくなった時ですね（右ひじの手術によって1年間戦線離脱したため、2010年3月に一時的にATPランキングが消滅した）。その時はさすがに、やはりランキング外になってしまったので、またトップ100に戻れるかというのはすごいありましたね。それだけはたぶん人生の中で一番、大変だった時期だと思います。

神　何とかあきらめずに頑張れた理由は何だったんですか？

錦織　うーん、たぶんシンプルにテニスが好きという思いと、強くならなきゃというのがやはり頭のどこかにあるから。だからあんまりこう、たぶん今まででやめたいと思ったことが1回もない。嫌になったことはありますけど、何回も、テニスが。でも、じゃあやめたいかと言われると、別にやめたいわけではなかったので。たぶん常にその夢があったから、頑張れたんだと思います。

盛田　私は、この頃圭の試合をあんまり見ていない。いろいろ言う人がいるけどね。私は、圭がジュニアの時のグランドスラムの試合は全部応援したからね、誰もいない中で。その時にやはりスコーンと負ける、その時、こいつには勝てないとはいっぺんも思ったことない？　またやったら勝てると思った？

錦織　いや、昔はありましたね。勝てないって決めつけていた頃もやはりあって。たぶんこれは自分の性格だったり、あんまり文化を言い訳にするのは良くないですけど、日本人、アジア人だからというのも、少しはあったと思いますね。

だんだんアメリカで戦っていくにつれて、やはり強くなっていくと、コーチたちや選手たちみんなの目も変わっていく。いい意味でも悪い意味でも弱肉強食なので、強くならないと生きていけない世界だから、その中でメンタルが強くなっていったと思いますね。

練習試合とかでも勝たないと、当たり前のように怒られるし、どんどん自分のランクも下がっていくし。だから練習試合でもすごい気合が入ってましたね。そういうところからたぶんちょっとずつ、強くなったんじゃないかなと思いますね。でも昔は弱かったと思いますね、メンタル。

神　盛田さんがグランドスラムで、錦織選手の試合よりジュニアの試合の応援を優先しているので、錦織選手はちょっと寂しく思ったりはしませんでしたか？

錦織　いやまぁ、でもたぶん自分の中で、ほんと（グランドスラムの）決勝とかまで行かないと、会長に見せるほどでもないというか。そこまで行かないと、見てくれないのかなというのはあったので。うーん、もちろん寂しい気持ちはありましたけど。

盛田　私が行こうが行くまいが、圭はやってくれると信じているし、ね。別にそばで見てなくたって、十分に力はあるんだから。これだけ日本中の方が応援してくださっているんだから、私がいようがいまいがそんなことは関係ない。結果さえ出してくれればね、うん。

神　2014年USオープンで錦織選手が準優勝した時の会見で、その時盛田さんがいらっしゃってなくて、このタイミングで決勝まで来ちゃった、と言って。次は優勝するのを絶対盛田さんに見せるために、今日負けてしまいましたと言ったんですけど、覚えていますか？

錦織　はい、はい。やはり一番見せたいのは親と会長、同じぐらいの位置にいるので。それはあると思いますね。

盛田　私はあの時ね、圭がそう言ったことは全然知らなくて、あのあくる日から、私の家にものすごくマスコミ各社から電話がかかって、えらい迷惑したよ（笑）。身動きがとれないぐらい電話がかかってきた。何でこんなに電話がかかってくるんだって。圭が、盛田さんがいなかったから負けたって言ったって。

錦織　きっと言い訳に使っちゃいました（笑）。

盛田　もうあの時はね、大変だったよ（笑）。何事が起きたんだと思って。

錦織　へぇー、知らなかったです。

盛田　だけどまぁ、嬉しい話ですよ。うん。

神　錦織選手はテニスで世界の舞台へ駆け出していって、盛田さんはソニーの時代に北米を中心に世界へ出て行きました。世界の舞台で戦っていく仕事で、二人が一番大切にしていることは何ですか。

盛田　私はソニーに47年いました。入社した時、70〜80人ぐらいしかいない町工場だったわけ。その時に、これから大きくなるためには、とにかく人のやらないことをやらなかったら、大きくなれないんだと。

それからアメリカに行ってみたら、日本の製品は、ナイアガラの滝のおみやげ店にあるようなチャチなおみやげぐらいしかなかったわけ。電気屋さんに行くと、ＲＣＡでありＧＥであり、ヨーロッパのグルンディッヒ（ドイツ）でありフィリップス（オランダ）であり、日本製品はどこにもなかったわけ。だから、やはりソニーは何とかして世界で、ちゃんと自分の製品が売れるために人のやらないことをやった。私は47年間それで鍛えられてきた。

70歳で引退した後に、何かやろうかと思って本気になって悩んだ結果、俺もひとつ人のやらないことをやってみたいなと思えてきた。だけどもあの年齢だと、自分ができるわけないでしょう。病気でもしたら、できなくなっちゃう。それならジュニアに自分の夢を託せばいいんだと、こう発想したわけ。で、どうせやるなら好きなテニスでやってみよう。（２０００年当時までの）日本のテニスでは、女子で伊達（公子）さんたちがいたけど、男子は全然ダメだった。自分の分身として、ジュニアたちを世界のトップにすることをやってみたい。何とかしてそれをやってみようというのが、私がファンドをつくったきっかけでした。

私には勝算があったわけ、正直に言って。ＩＭＧのオーナーでファウンダーの（マーク・）マコーマック、あの人のおかげです。私はグランドスラムにしょっちゅう行っていましたが、そこで私は、日本の選手と世界のトップの選手、何が違うかそこでハッと感じたわけ。日本選手は、技術が悪いわけじゃない。だけど他の条件で、テニスコートに出た時に半分負けているよと。だからその半分をつければ、絶対強い選手が出てくるんだと感じた。

そのためには小っちゃい時から、気の毒だけど一人で出して、世界中どこでも回らないといけない。圭もきっと経験したと思うけども、テニスコートの上だけでなくて、外国人と一緒に部屋に住んでいると、ものを置いといたらどっか盗られちゃったりね。

錦織　よくありました。へこみました。特に最初のほうは、結構いろいろな文化の違いを感じたので。でも、それは自分が、すごく平和な日本で暮らしているからというのがもちろんある。海外に行かないと、分からないこともたくさんあるので。そういうところから少しずつ学んで、強くなっていったと思います。

盛田　そういう日本と違った危険がいっぱいあるわけ。それでも楽しんで暮らせるような人間をつくったら、私はテニスコートで自分の力を100パーセント出せる選手が出てくると。それが私のファンドをつくった一番のコンセプトですよ。で、自分のそういうコンセプトが本当にいいのかなぁと思いながらやっていたら、圭が出てきて、あ、俺の考えは間違ってなかったと思った。

神　最高の分身が錦織選手ですね？

盛田　（笑いながら）そう、だからまさに私の代わりにやってくれているんだからね。私は自分のお金いくら使ったって全然惜しくない、自分に使っていると思っているんだから。

神　先ほど盛田さんがおっしゃった、人がやらないことという部分では、錦織選手も他の選手と比べて、ワールドテニスツアーでは体格も小柄なほうですし（錦織の身長は178センチ）、やはり人がやらないことをやっていかないと、というのがあったのではないですか。

錦織　そうですね、僕はそんなに背が高くないので、パワーも他の選手に劣るので、そういう面ではより頭を使って試合をしないといけない。その中でいろんな違う戦術を立てたり、自分に合ったテニスをしないといけない。そういう面では人と違っていたというか、より頭を使ってプレーをしないといけなかったたですね。

盛田　私は、いっぺん本人に聞いてみたいと思ったことがある。だいたいグランドスラムに出たジュニアの選手は、(試合前に)早くからコートに来て待っているわけ、コートの横で。圭は、相手の選手が(試合コートのベンチで)座っていても、ちっとも入ってこないんだよ。そうするとね、向こうから悠然と現れて、それで悪びれもせずトンと座って、それで試合して勝っちゃうわけ。

錦織　あんまりいい印象じゃないですね(笑)。

盛田　いやぁ、私はそれを見て、これは普通の選手じゃないと思った。あれね、勝つことしか考えてないじゃないかと思った。伊達さんがそうでしょ。試合の前なんか、他の人なんか目もくれないでしょ。私は圭を見て、あぁ、これ普通じゃないわと思った。この心臓を持っていたらいけるわと。

錦織　ちょっと恥ずかしいですね。

盛田　いや、あの時もしちゃんと早く来いと言っていたら、今日の圭はなかったと。

錦織　いや確かに、遅れたからどうだというのは、まったく考えてなかったと思いますね。

盛田　全然気がついてないと思いますよ。

錦織　集中していたのかな。

盛田　もう集中しているの、本当に集中。だからね、普通のジュニアで初めてグランドスラムに出たらドキドキでしょ。早くから（コートのそばで）だいたい待っていますよ。（圭は）もういつでもね、全然違う。でも、本当に勝つことに集中しているんだろうと思う。だから、歩き方でも遅れたから走って来るなんてこと、ないわけですよ。もう自分のペースは自分のペースできちんと守る。私はそれが圭の強さだと思っているんです。もう勝つことに集中して、そのために自分のペースを乱さない。強い選手は、私はみんなそうじゃないかと思うんです。

「テニスに方程式というものはない」（盛田）

神　盛田さんが別格と思っていらっしゃる3人の選手がいる、ということなんですけど。

盛田　いや圭がね、とにかく世界のランキング4位まで行って、日本中が沸いて、私までみんなからワーワー言われているんですけども。正直に言って、圭の上には、まだ3人すごいのがいる。（ロジャー・）フェデラー、（ラファエル・）ナダル、（ノバク・）ジ

ヨコビッチ、グランドスラム10回以上取っているんだから（フェデラーは19回、ナダルは16回、ジョコビッチは12回、グランドスラムで優勝している。２０１７年11月当時）。

で、圭はその選手と実際に戦って、実際に勝ったこともある。あのレベルになるためには、何が必要なのかね。何であの選手はあんなに強いのか。それをおそらく乗り越えて、あのレベルに行きたいと圭も思っているだろうし、私もそれを期待しているし。実際に戦ってみて、何が彼らの強さだと思う？

錦織　たぶん共通して言えるのは、やはりメンタルの強さだったり、戦術の立て方だったり。あきらめない力って、いろいろメンタルの強さはあると思いますけど、そこがたぶん一つずつ他の選手よりも抜きん出ているところはあると思いますね。自分ももっとこう、継続して集中力がないといけない。まだまだムラがあったりするので、一試合を通してもうちょっと平均した強さがないといけない。

フェデラーに関しては、たぶん技術が誰よりも世界一であると思います。それプラス、メンタルの強さだったり、相手の嫌なところをうまく突いてきたり、そういう強さが彼にはある。ただ、一番試合をしていて楽しいのはフェデラーですね。

盛田　テレビで見ていて、われわれには同じような球を打っているように見えるんだけども、フェデラーはたぶん一球一球違う種類の球を打っているんじゃないかな、と思う。実際にやってみてどんな感じ？

錦織　そうですね、交ぜるのがうまいですね。彼にはスライスもありますし。

盛田　バックでもおそらく受ける側から見たら、一球一球違う打ち方をしているんだと思う。

錦織　はい。テンポの速さは、彼が一番速くて、球の強さをいろいろ打ち分けられるし、タイミングを速くもできる。スレスレでタイミングを変えたりする。いろんな角度から攻めてこられる選手だと思いますね。

神　フェデラーを一番最初に意識したきっかけは？

錦織　きっかけ、うーん。最初のきっかけは分からないですけど、ジュニアの頃17歳ぐらいからたぶん見始め、意識し始めたと思いますね。その頃から、やはり外から見ていて（フェデラーが）楽しそうだった。ああいうテニスをしたいなって純粋に思ったのが、たぶんきっかけだと思います。

盛田　私は、3人の選手を見ていて面白いと思うのは、一人ひとりみんなタイプが違うでしょう。（彼らのように）すごくなるには、テニスに方程式というのはない。こうやれば強くなるという方程式はなくて、フェデラーの方程式もあれば、ナダルの方程式もある、ジョコビッチの方程式もある。だから、そこにやはり圭の方程式をつくってほしい。それぞれ方程式は違うんだけども、他の選手よりはるかに強い。どうしてだろうね。

錦織　でも、あんまりそういう考えをしたことがなかったですね。

盛田　あまりそういうこと、考えないほうがいいのかな？

錦織　いやいや、確かにみんな、特に、この3人は明らかに違う選手なので。ジョコと（アンディ・）マリーは近いですけど。確かに、いろんな背の高さや体格も違う中で、同じ（テニスの）ルールでやらないといけないので。

盛田　しかも私が思うのは、フェデラーなんて、スイスという小っちゃな国ですよ。

ジョコはセルビアで、動乱があったりなんかして大変な国だ。ナダルもスペインだけど、マヨルカ島という小さい島から出てきた。大きなアメリカだとかロシアじゃないんだよ。だから、何で日本から出てこないんだと。私は出てこられると思う。

錦織　そうですね。

盛田　だから、そのためには何をしたらいいか。圭にも期待したいのです。

錦織　確かに自分らしいテニスをもっともっと、つくりあげていきたいと思います。もちろんいろんな選手のいいところも、取り入れていきたいです。

神　では、話題を変えて、ちょっと哲学的な話題ですが、二人にとって身近であるテニスをどう捉えていますか？

盛田　これね、圭とはまったく違うと思う。私ね、学生時代にテニスをやってないんですよ。バレーボールの選手だったの。大学に入って、ソニーに入って、仙台郊外の小っちゃな研究所でちょっと勉強してこいと言われた。若いのに何もすることない。目の前にテニスコートがあって、先生がやっているのを見たら、あのくらいできるわと思って始めた。だから、誰にも習ったことがないわけ。

それ以降ソニー本社へ帰って来たら、うちは75パーセント世界で仕事をしていますからね、しょっちゅう海外に行かせられる。で、金がないから通訳なんかつけてくれないから、朝から晩まで英語で向こうのエンジニアとディスカッションして、クタクタになっちゃうわけ。やっと終わったと思ったら、晩に同僚のお宅に呼ばれて、またそこで奥さんと話をしなきゃならないの。

ある日、仕事が終わった後で、テニスを1時間やりませんか、と誘ってくれた。1時間やって、ボールを打つことだけ考えてやったら、頭がスカーッとした。それで、あぁ、テニスが俺の脳の薬だと、こういうことが分かったわけ。それ以来、私は、仕事で海外へ行く時、いつでもラケットを持って行った。

だから、私にとって、ソニーにいる間は、(頭を指さして)ここの薬なんです。だから、勝敗なんかどうでもいいの。やっている間、ボールを打つことだけにコンセントレート(集中)してね。それで私はソニーで何とかして生き延びてきたわけ。だから、ソニーの時は本当に、テニスは私の脳の薬ですよ。

錦織 たぶんスポーツってちょっと特殊だと思うので、僕の場合は、仕事という感覚があんまりなくて。プロになった時は、やはり自分がテニスで生きていくんだという重みは感じました。でも、あんまり仕事と思っている部分はなくて、人生を楽しむ一つのツールというか。テニスを通じていろんなことを学んでいますし、自分を磨いているということも、テニスがあるおかげなので。ただ、人生一回しかないので、テニスだけでは終わりたくない。今はテニスに全部を注いで、その中でいろんなことを学んでいけたらいいですよね。

「盛田さんは人間としてもすごい」（錦織）

神　錦織選手という成功者が、「盛田ファンド」から巣立ってくれたという部分は、改めていかがですか。

盛田　今、圭が活躍したから、ＩＭＧに行けば上手になれると思って、みんなＩＭＧに行くけど、そんな簡単なものじゃありません。３００人から４００人ぐらいの同期が、ＩＭＧアカデミーにいる。その中のトップにエリートグループというのがある。そこに行くと本当に素晴らしいトレーニングをしてくれる。そこに入れなきゃ意味がないと思った。

私がいくらいい選手を選んで送ったって、あぁまた日本から選手が来たかぐらいの扱いしかされないんです。だから、ニック・ボラテリーに、（ＩＭＧの）ヘッドコーチを日本に送ってくれって。（日本でオーディションをして）ヘッドコーチが、この子ならいいと思う子だけを送ることにした。うち（盛田ファンド）には定員がないので、一人もいなかったらゼロと言いなさい。二人だったら二人、3人だったら3人って言いなさいと。で、毎年ヘッドコーチ（ハラミロ）に来てもらい見てもらった。本当にゼロと言われたのは今まで2〜3回あるんですよ。

錦織　ふーん、そうなんだ。

盛田　それでハラミロがいいと言って連れて行った子だから、彼にも責任があるから、一生懸命やってくれる。

最初はね、いろいろ失敗しましたからね。非常にタイミングも良かったし、ラッキーだったですね（2000年から盛田ファンドの活動が始まり、錦織は13歳の時に第4期生として、2003年9月から渡米した）。

錦織　そうですね。ちょっとタイミングは分からないですけど、でも本当に、いろんな人に助けられた部分は絶対あって。さっき言ったように、最初は3人で来てた。その二人がいなかったら、結構ダメになって帰って来てた可能性もある。メンタル面を一緒に切磋琢磨できた、身近なライバルが彼らだったので、そのおかげで一生懸命頑張れたのもある。

米沢（徹）コーチというすごいいコーチにもたくさんお世話になって、大変な仕事だったと思いますけど、面倒くさいこともほんとに細かくやってくれて、それが今の自分の強さになってる。会長を含め会長の周りのサポートもすごく良かったので、自然と強くなっていけたのかなと思いますね。

盛田　日本では丸山（薫）さんが、一生懸命リクルートしてくれた。それで誰か一人（コーチを）アメリカに送るべきでは、と。全然英語もできない12、13歳の子どもたちを送るのは、私にも責任があるしね。そうしたら米沢さんが、自分が行きますと言ってくれた。それで向こう（フロリダ）に駐在してくれて、（子どもたちの）いろいろ面倒を見てくれた。

本当にいろんな条件がうまく揃った。マコーマックのおかげで、ニックも一生懸命やってくれてラッキーだった。そこへこういういい人（圭）が入ってくれたので、まさにラッキーの重ね合わせですよね。

だけどそれで安心しちゃいけないんで、（圭は）これからも頑張るから、兄貴分としてね。いろいろ指導してやってね。本当にIMG行くと、ちゃんと弟分のように、うち（盛田ファンド）の（ジュニア）選手と打ってくれる。ついこの間も打ってもらいましたという報告が、私の所に来ているんですよ。

みんな簡単に、「圭さんに打ってもらいました」と言うけれども、昔でいったらね、ナダルやフェデラーに打ってもらったのと同じことなんだからね。だからやはり、弟分と思って打ってくれるということは、今の子どもたちにとっては、ものすごくありがたい話ですよ。

神　盛田さんがいつも未来を見据えて、子どもたちのことを思っていることのように、私の分身であるという錦織選手もそうやって子どもたちとラリーをして、ある意味すごく未来志向というか、何かまた新しい未来につなぐ、ちょっと嬉しい出来事ですね。

盛田　みんな喜んで、ちゃんと報告してくれますよ（笑）。嬉しいですよ。本当にありがたいですよ。

錦織　一緒に打つのはやはり、うーん、自分があっちの立場だったら嬉しいだろうなと思うので、それは一番に考えてます。まぁいい経験になるし。自分自身もこの位置（トッププロ）まで来て、みんなが目指すきっかけになってくれたら嬉しい。特に、アメリカのＩＭＧに来てる子たちは才能のある子なので、少しでも力になりたいとは思ってますね。（アドバイスも）たまにしますよ。

盛田　圭はまだ若いから、未来を考えるのは当たり前でね、まだ過去なんか考える年じゃありませんからね。私もおかげで、今年90ですからね、だけどあんまり過去のことを考えたことはない。だから、じいさんばあさんと会って昔話するの、私は決して好きじゃないの。
やはりうち（盛田ファンド）の、今（アメリカへ）行っている13歳14歳の子も、やはり私の分身ですからね。彼らの将来を考えてやることが、自分の将来を考えているのと同じことなんだから。だから、私は自分の未来を考えるより、彼らの未来を考えてやることが、私の楽しみであるんです。だから楽しいですよ。楽しくなかったらやりませんよ、本当。こういう人（錦織選手を見て）が出てくれれば、楽しいでしょう。

錦織　いや、すごいですね、本当に。こうやって他人のことにどんどん首を突っ込める人って、やはりすごいなと思いますね。人間としてもそうだし、やはり余裕がない人というのは、自分自身でいっぱいだし。たぶん世界のみんながこうやって他人に気を使えるようになれば、自然と平和になっていくと思うし。みんながそうであれば簡単ですけどね、なかなかそういうわけにはいかないので。

盛田　この年になると、自分のことを考えたってしょうがないの。もう楽しみはね、若い子ですよ。

錦織　いや、すごい、本当すごいですよ。

盛田　自分はなるようになりゃいいんだから。

神　盛田さんは、グランドスラムでの活躍も含めて、これからの錦織選手にどんな期待をしていますか。

盛田　圭がさっきいいことを言ったと思うのは、テニスだけが人生じゃないと言ったでしょ。私はまさにそうだと思う。私は90だけど、（圭は）あと何年生きられるんだ。まだ3倍ぐらい、ね。やれることはいっぱいあるんだから。

これだけ世界を知ったんだし、これだけ世界のいろんな人と知り合いになったんだしね。ものすごい財産ですよ、それは。だからその財産をいかに使って、世のため人のためになることをやってくれればと。ここまで来たらいくらでもやりたいことが出てくると思うから。今はテニスを一生懸命やって、テニスで幅を広げて、テニスをやめる時になったらその時に……。だから、（圭は）すごい財産を今はため込んで、テニスをやめることが将来来たら、その時にその財産を使って、何を自分がやったらいいか（決めたらいい）。いっぱいチャンスはありますよ。

錦織　はい。

盛田　世界にも知人がいっぱいできているし、ね。

錦織　今でも、やりたいことはちょくちょく出てきてますね、大人になるにつれて。出てきているけど、やはり100パーセント今はテニスに注ぎたい。まぁ、ちょっと頭の片隅で考えていれば、いいかなと思っている。もちろんいろんなことをやりながら、テニスもできるけど、今はちょっと考え中ですね。でも、テニスに100パーセント注ぎたいというのは変わらないので、もっともっといろんな経験をしていけば、確かに考え方も変わってくると思います。

神　でも、やはり錦織選手のグランドスラム優勝は、見たいじゃないですか。

盛田　あのね、さっきビッグスリーは、10回以上優勝していると話したでしょう。私は（圭にとって）たぶん1回目というのは大変だと思う。ただ、1回優勝して、あぁこれで目標を達成して、俺の人生終わりなんて絶対に思わないでほしい。1回目はステップなんだから。私は、たぶん圭なら、1回目の優勝をできたら、2回目、3回目はもっとイージーにできると思う。それをさらにステップにして、世界の頂上へバーンと上がっていく。もう私の期待はそれだよ。私がいようがいまいが、関係なし。圭が頑張ってくれれば、それでいいんだから。ロケットの発射台としてはそう思っていこう。

錦織　そうですね、なるべく高く飛ばないといけない。まぁ、自分も夢は変わらないので、いつか取りたいし、早く取りたいし、その思いは常にあるので。まぁ、その過程でしっかり準備できれば、可能性は高くなっていくと思います。

神　盛田さんの前で、見せられたらいいですよね。

錦織　それはもちろん、はい。

盛田　さっきから考えているんだけども、今度皆さんを抜きにして、二人だけで（笑）。本当に人に言えないことを話そうと思いました。（別荘のある）軽井沢は東京から1時間で十分に行けるから。

錦織　え？　そんなに近いんですか？

盛田　新幹線で。それで降りてから、空いている時ならうちまで10分。1時間半あればうちに着くから、日帰りができるわけ。だから、1日空いたら、いつでも言ってくれればね。朝に行って、1日テニスをして、お昼を食べて、夕方こっち（東京）に帰って来ることができる。

錦織　はい、お願いします。温泉もありますか？

盛田　温泉はないけど、温泉のような檜の風呂がある。

錦織　へぇー。

神　お二人で一緒にテニスをやったことはないんですか？

盛田　ないよね？
錦織　いや、なくはない、あれ？
盛田　あったかな？　一緒にテニスコートで立ったことはあるけどね（笑）。
錦織　ないか。
盛田　いやー、覚えてない。コートで、テニスウェアを着た写真はうちにある。この前、孫からテニスを教えてくれと言われた時、ハッと気がついた。教えてもらったことがないから、どうやって教えていいか分からないわけ。
神　じゃあ、今度、圭君、盛田さんのお孫さんのコーチを。
錦織　はい。
盛田　私は教えられないから。
錦織　僕も教えられないです（笑）。
錦織　何か、年齢のことを言うのは失礼ですけど、この年にまでなって、アメリカに行ったり、ずっと子どものことを考えて生活したりするというのは、すごいですよね。飛行機10時間以上ですよ。
盛田　あのね、贅沢に私はファーストクラスで飛ぶから、あんな楽なことはないわけ。

錦織　いや、それでも大変だと思いますよ。

盛田　人は来ないしさ、電話はないしメールはないしね、この頃メールできるけど、メールなんかやらないしね。寝たい時に寝て、食べたい時に食べて、10何時間過ごせるというのは、ものすごく快適だよ。

錦織　快適と思えることがすごいです。

盛田　話は違うけど、この間、ＪＡＬ（日本航空）の、圭の、エアーＫＥＩ、あれに乗ったんだけどね。

神　あぁ、「ＪＥＴ－ＫＥＩ（ジェット・ケイ）」ですね（２０１６年3月から数年間、錦織の姿がデザインされた特別塗装機がＪＡＬの国際線で就航していた）。

錦織　あぁ、はいはい。あ、本当ですか。

盛田　ＪＡＬの人が、今日は「ＪＥＴ－ＫＥＩ」ですからと言ってくれた。でも、言ってくれなかったら、分からないところだった。でも、ちょっとプロモーションのセンスがないと思ったのは、機内に乗っている人は誰も知らないんだから。どこにも「ＪＥＴ－ＫＥＩ」と書いてないし。私は、せめて食事を出す時のナプキンでも何でもいいから、圭の絵が描いたやつを出すとかね。そうしたら家に帰って、「今日、ＪＥＴ－ＫＥＩに乗ったよ」って、みんながそれを見せびらかすでしょう。

錦織　ＪＡＬの宣伝にもなりますしね。

盛田　あのマーケティングセンスのなさには、ちょっと本当に……。

錦織　ちょっととは？

盛田　ＪＡＬの社長に会ったら、言っておきたいよ。いや、もったいないと思って。

錦織　でも、お金もかかることですし。

盛田　それよりも、みんなが乗りたがるんだから。お客さんが増えるんだから。

錦織　そうなるといいですね。

神　お二人が、こんなに長く話すのは初めてだったんですよね。

盛田　そうだよね。こんなに長いこと話したの、ないんじゃないかな。一緒にご飯食べたことはあるけども、二人だけでこうやって話したことは、ほとんどない。

錦織　そうですね。会場のどこかで会うぐらいですよね。

盛田　そう。

錦織　（盛田さんは）やはり尊敬する、僕の中でもトップの人ですね。本当にさっきも言ったとおり、会長の支えがなかったら、今のここまでいないと思うので。こうやってまた感謝を再認識できるということは、自分にとっても良かったです。

初出『Ｖｏｉｃｅ』２０１８年２月号（ＰＨＰ研究所）
一部加筆

著者あとがき（盛田正明）

正直、これまで自分の本を出すことなどまったく考えてもいませんでしたが、ソニーの時代から大変お世話になっている神仁司さんからのお勧めで、今回、それが実現することになってしまいました。

神さんとはグランドスラムや日本のテニス大会でよくお会いし、テニス大会についていろいろ教えていただきました。記事だけでなく写真も撮影する、あまり見ないタイプと思っていましたら、何度かお話をするうちに私の人生に興味を持ってくださり、それを本にしましょうということになりました。

改めて私の人生を振り返ってみると、本当に幸せな人生を送ることができたと思います。

私の生まれた時の日本は、今の平和な日本では想像もできない戦争の時代でした。

私が4歳の時から、当時「満州事変」と言っていた今の中国での戦争が始まり、それからずっと戦争の中で学校に行っていたので、自分の人生は戦争で終わると考えていました。本当です。

そして、自分もいずれ戦わねばならないと考えるようになり、(旧制)中学4年生の頃には日本の戦局が厳しくなって、大都市にアメリカのB－29爆撃機が連日飛来して爆弾を投下するという事態にまでなりました。もうこのままでは日本は潰れてしまうという危機感を持つようになり、自分も学校を離れて軍隊で戦うべきだと考えるようになって、両親を説得して中学4年生の秋に志願して奈良県天理市の海軍航空隊に飛行予科練習生として入隊しました。

当時の海軍航空隊は出撃したらほとんど死ぬという特攻隊の訓練でしたが、幸いにも第一線の特攻隊に行く前の訓練生の時に終戦となり、家に帰ることができました。

しかし、考えてみると、もし戦時中に故郷にいたら食料事情も悪くて、健康な身体は保てなかったかもしれませんが、私は海軍航空隊で、毎日三度の食事は山盛りのご飯が食べられ、その上、連日、猛訓練を受けたので、16歳から18歳までの成長期に身体を鍛えるのに最も適した状況で過ごすことができたように思います。そのおかげか小さい頃はあまり丈夫でなかった私がすっかり健康な身体になり、今日までほとんど病気にもならず96歳の現在まで丈夫に暮らすことができました。

戦後は、大学を卒業した後、兄が友人たちと創業したソニーに入社して定年まで働き、その間にソニー・アメリカの会長等もして、世界中の主だった国を訪れることも経験しました。ソニー時代の最後だったソニー生命会長の時代には、会社の宣伝のための日米女子テニス対抗戦『ソニーライフ・カップ』を3年間行いました。このイベントの認可をもらいに当時の日本テニス協会の会長にお願いに行ったのがきっかけで、その後しばらくして会長から「自分の後を頼む」と言われ、日本テニス協会の会長を引き受けることとなりました。

ちょうど同じ年の正月に、自分の好きなテニスでジュニアの選手を育ててみようと考えました。「盛田正明テニス・ファンド」の名前で日本中から選んだ優秀なジュニアテニス選手を、私の親友だったIMGの創業者マーク・マコーマックに頼んで、フロリダに彼が持っていたテニスアカデミーで育ててもらうことを始めました。

その4年目に送った選手の中から錦織圭が育ち、彼は大変な努力をして世界ランキング4位まで上りました。今、錦織に続いて、世界のトップグループ入りを狙える西岡良仁も盛田ファンドの卒業生の一人です。

振り返ってみると、私の人生は本当に周囲の方達に恵まれ、たくさんの方に協力をしていただいたありがたい人生でしたが、こんな私の古い話を今回、本にしてくださると言われた神さんには感謝のほかありません。

そして、この本を読んでくださった方々が、もしこの本の中から何か新しい考えを見出して、今後の皆様の計画に少しでもお役に立てることがあったら、本当に嬉しいです。

この長い文章を読んでくださったことを心から感謝致します。

盛田正明

著者あとがき（神　仁司）

「今の日本のメーカーはダメだねぇ」

２０１２年頃にある取材先で、盛田正明さんと錦織圭について立ち話をしていた時、ひょんなことから、電子分野などで韓国や台湾などの海外企業に押されている日本企業への批判を盛田さんが口にしたことがありました。

時代の先を読めていないと語っていた盛田さんには、すでにビジネスの第一線を退いていた当時でも、ソニーの副社長まで上り詰めた矜持が表情から垣間見えたものでした。

ビジネスでもテニスでも、いい時もあれば悪い時もあります。「ダメな時にはどうすればいいのか？」、「先を読むためにはどうすればいいのか？」……。盛田さんの言葉から、さまざまな疑問が湧いてきました。これが、盛田さんの話をもっとお聞きして、いろいろなことを知りたいと思うきっかけになった瞬間でした。

ソニーが、まだ従業員１００人に満たない町工場の時に入社した若き盛田さんは、技術者の師匠と言える井深大さんのもとで働きながら、とにかく夢を追い続けて、自身の経験値を上げていきました。さらに、60歳で渡米して、アメリカ人と働きながら、「自らはコンダクターである」というマネジメント哲学を、国を越えても実践しました。一方で、日本テニス協会では、トップダウン型に近い求心力のあるリーダーになるという一面も見せました。盛田さんの人の力を活かすリーダーシップは、仕事の難易度や相手の力量に合わせて指示から援助まで変化をつけることができるものです。井深大さんの技術者への指導法と、盛田昭夫さんの突破力を融合したハイブリッドスタイルにも感じます。

盛田さんが70歳から始めた「盛田正明テニス・ファンド」は、ソニー時代から培ったノウハウや人脈を活用しながら、他と同じことはしないという独創性がありました。ファンドを発足させた2000年頃、日本男子テニスは冬の時代でした。当時からすれば無謀とも言える壮大な取り組みで、一部にネガティブな見方をする人もいたのは事実です。盛田さんはそうした声を成果でかき消してみせます。何より、盛田ファンドの奨学生の中に、錦織圭というダイヤの原石がいたことは、偶然というより必然であったようにも感じます。

よく、芸能人が売れると親戚が増えるといった話があります。錦織が強くなった時も、今度は「自分が育成に貢献した」とか、「自分が才能を見出した」という関係者が実際に見受けられました。

しかし、盛田さんは違いました。錦織に関して真の貢献者であるにもかかわらず、多くを語ることなく一貫して〝黒子〟に徹してきたのです。なぜそんなことができるのでしょうか?

グランドスラムの会場を訪れていた盛田さんは、「私の興味はもう錦織ではなく、彼に続く若者にある」と語り、錦織の試合を見ないでコートサイドでジュニア選手の試合を観戦して応援をしていたのです。そういう未来志向の人だから、「錦織は自分が育てた」とは言わないし、言う必要もないのです。

盛田ファンドという自分にしかできないオリジナルの取り組みだけでなく、変わることのない新しい時代を担う人材育成への熱い思いがあってこそ、未来を創り出せるのだと私は痛感させられました。

本書では、盛田さんと錦織の特別対談も掲載しました。当時90歳の盛田さんと27歳の錦織。世代の異なる二人でしたが、共に世界へ進出して戦い、結果を残しました。そして、未来を創造する熱い想いも語ってもらいました。この二人だからこそ言える、それぞれの人生哲学と未来への展望は、世界で唯一のものであり、改めて皆さんに読んでいただける機会を設けることができて、本当に良かったと思っています。

盛田さんは、基本的に人を楽しませようとする気質が根底にあるように私は感じています。

例えば、本書の中で、盛田さんが、終戦を迎えて実家に無事戻れた時、「帰って来ちゃった」という表現をされました。盛田さんご自身も死を覚悟していたにもかかわらず生還できた状況は、本当に帰って来て良かったのかという思いがあったのかもしれません。どこかこっぱずかしさも含みながら、「帰って来ちゃった」と自分自身を表現した盛田さんに、若輩者の私が言うのは恐縮なのですが、お茶目なところを感じながら、同時に未来への明るい希望を見出せるような思いになりました。この「帰って来ちゃった」だけでなく、本書で盛田さんの多くの言葉の端々から、実際私は未来への希望を感じとりました。

かつてアメリカが抱いていたメイドインジャパンの悪いイメージを、ソニーでくつがえしたこと、「盛田正明テニス・ファンド」によって、自分にしかできないことを具現化して、実行してみせたこと、いわば、〝メイド イン 盛田〟あるいは、〝Made in Myself（メイド イン マイセルフ）〟を成し遂げてみせたのです。素直に感銘を受けますし、この盛田さんの行動力からは、心の淵源に湧き起こるような力強く生きていく勇気をもらえるのです。

〝人生100年時代〟とも言われる超高齢化時代の日本、そして、コロナ禍を経た〝ウィズコロナ時代〟だからこそ、盛田さんのような賢人の言葉と生きざまがさらに重さを増し、定年退職世代だけでなく、もっと若い世代を含めたさまざまな世代にも、いつも夢を持っていけるような勇気が得られるのではないかと感じています。正直に言えば、盛田さんのお話を目の前で聞いてきた私自身も勇気づけられた一人であるのです。

この本を手に取って読んでいただいた皆さんが、盛田さんの言葉に共鳴し、一人でも多く勇気づけられるのであれば、本書に携わった者として、このうえない喜びです。

一緒に執筆していただいた盛田正明さんに感謝申し上げます。アシスタントの井上梓さん、本の制作を見守っていただいた盛田陽一さん、突然の取材を快諾していただいた渡邊康二さんにもお礼申し上げます。

さらに、帯のコメントを書いてくれた錦織圭選手、ＩＭＧの関係者の皆様、ご協力いただきありがとうございました。

そして、出版に向けて、最初にこの本の企画を後押ししてくれたワン・パブリッシングの松井謙介さんがいなければ、形にすることはできませんでした。本当にありがとうございました。編集担当の鈴木映さんと、再びお仕事をご一緒できたことは嬉しかったです。

ワン・パブリッシングの社長業でご多忙の中、編集を指揮してくださった廣瀬有二さんのおかげで本にすることができました。本当にありがとうございました。ご尽力いただいたすべての方に、この場を借りてお礼を申し上げたいと思います。

最後に、この本を手に取って、最後まで読んでいただいたすべての方々に心より感謝申し上げます。

神　仁司

参考文献

日本の起業家8　井深　大　人間の幸福を求めた創造と挑戦（一條和生著、PHP研究所）
井深大　自由闊達にして愉快なる（井深　大著、日経ビジネス人文庫）
新版MADE IN JAPAN　わが体験的国際戦略（盛田昭夫著、下村満子著・訳、PHP研究所）
人生の経営（出井伸之著、小学館新書）
錦織　圭15－0フィフティーン・ラブ（神　仁司著、実業之日本社）
Sony History（Sony Group Corporation）
日本テニスの軌跡・日本テニス協会100周年記念誌（日本テニス協会）
わたしたちもみんな子どもだった―戦争が日常だった私たちの体験記―（和久井香菜子著、ハガツサブックス）
仕事人秘録「グランドスラム」への扉（日経産業新聞）

著者プロフィール

盛田正明（もりた　まさあき）

1927年5月29日生まれ。愛知県出身。ソニー創業者の一人・盛田昭夫を長兄とする盛田きょうだいの三男として生まれる。1951年東京工業大学を卒業し、東京通信工業（現在のソニー）に入社。常務取締役、副社長などを歴任し、ソニー・アメリカ会長も務める。1992年にソニー生命保険の社長兼会長に就任。1998年にソニーグループ引退後、2000年に日本テニス協会会長に就任。同年に、私財を投じて「盛田正明テニス・ファンド」を設立し、錦織圭をはじめ多くのジュニア選手の育成に尽力した。2016年、国際テニス殿堂と国際テニス連盟によって、毎年世界から一人が選ばれる、Golden Achievement Awardを受賞（2017年度、世界で19人目の栄誉）。牧阿佐美バレヱ団元理事長

神　仁司（こう　ひとし）

1969年2月15日生まれ。東京都出身。明治大学商学部卒業。キヤノン販売（現在のキヤノンマーケティングジャパン）勤務の後、テニス専門誌の記者を経てフリーランスに。テニスの4大メジャーであるグランドスラムをはじめ、数々のテニス国際大会を取材している。錦織圭や伊達公子や松岡修造ら、多数のテニス選手へのインタビュー取材も行っている。記事を執筆すると同時に、写真も撮影。ラジオでは、スポーツコメンテーターも務める。国際テニス殿堂の審査員。著書に、『錦織圭　15－0フィフティーン・ラブ』（実業之日本社）や『STEP～森田あゆみ、トップへの階段～』（出版芸術社）がある。ITWA国際テニスライター協会のメンバー

人の力を活かすリーダーシップ

2023年10月17日　第1刷発行

著　者　　盛田正明、神 仁司
発行人　　松井謙介
編集人　　松井謙介
発行所　　株式会社　ワン・パブリッシング
〒110-0005　東京都台東区上野3-24-6
印刷所　　日経印刷株式会社
編集担当　鈴木 映

ブックデザイン　山之口正和＋齋藤友貴（OKIKATA）
DTP　株式会社アド・クレール
表紙撮影　馬場道浩
プロデューサー　廣瀬有二

この本に関する各種お問い合わせ先

内容等のお問い合わせは、下記サイトのお問い合わせフォームよりお願いします。
https://one-publishing.co.jp/contact
不良品（落丁、乱丁）については、Tel 0570-092555
業務センター　〒354-0045　埼玉県入間郡三芳町上富279-1
在庫・注文については書店専用受注センター　Tel 0570-000346

ワン・パブリッシングの書籍・雑誌についての新刊情報・詳細情報は、下記をご覧ください。
https://one-publishing.co.jp/